Geschichte und Geschehen

Nationalstaatsgedanke in Deutschland und Polen

Autor:
Christian Taubenberger

Ernst Klett Verlag
Stuttgart · Leipzig

Bildnachweis

Umschlag: ullstein - Archiv Gerstenberg; **5.1:** Stiftung Wolfgang Ratjen, Zürich; **6.2:** Germanisches Nationalmuseum Nürnberg (Inv.-Nr. Gm 608); **7.3:** aus: Christoph Gutmann, Volker Schadach „Kaiserpfalz Goslar", Verlag Schadach, Goslar 2002, S. 46; **8.4:** Société Historique et Littéraire Polonaise - Bibliothèque Polonaise, Paris; **10.6:** aus: Christoph Gutmann, Volker Schadach „Kaiserpfalz Goslar", Verlag Schadach, Goslar 2002, S. 66-67; **11.10:** AKG, Berlin; **13.15:** AKG, Berlin; **15.1:** Bridgeman Art Library, London; **16.2:** Interfoto, München; **18.3:** AKG (Erich Lessing), Berlin; **19.4:** Historisches Museum, Warschau; **20.5:** AKG, Berlin; **21.6:** BPK (Kupferstichkabinett, SMB/Jörg P. Anders), Berlin; **24.7:** aus: Rudolf Jaworski/Christian Lübke/Michael G. Müller: Eine kleine Geschichte Polens, Suhrkmap Verlag, Frankfurt am Main 2000; **26.8:** aus: Rudolf Jaworski/Christian Lübke/Michael G. Müller: Eine kleine Geschichte Polens, Suhrkmap Verlag, Frankfurt am Main 2000; **28.9:** ullstein bild (Roger Viollet), Berlin; **29.10:** AKG (Erich Lessing), Berlin; **31.11:** Muzeum Narodowe, Wroclaw; **33.15:** Das Königliche Schloss (Bartosz Tropilo), Warschau; **35.22:** ullstein bild (Roger Viollet), Berlin; **36.23:** Institut für Stadtgeschichte, Frankfurt; **38.27:** Polenmuseum Rapperswil, Rapperswil; **41.33:** Ullstein Bild (Roger Viollet), Berlin; **45.2:** AKG, Berlin; **46.3:** Interfoto, München; **48.4:** AKG, Berlin; **50.5:** aus: Karl-Heinz Ruffmann(Hg.): Oldenbourg Geschichte für Gymnasien 11, München 1993; **51.6:** aus: Karl-Heinz Ruffmann(Hg.): Oldenbourg Geschichte für Gymnasien 11, München 1993; **53.7:** AKG, Berlin; **54.8:** BPK, Berlin; **55.9:** AKG, Berlin; **58.13:** BPK (A. Glück), Berlin; **60.16:** AKG, Berlin; **61.19:** AKG, Berlin; **63.22:** AKG, Berlin; **65.26:** AKG, Berlin; **67.32:** Süddeutscher Verlag (Blanc Kunstverlag), München; **68.33:** Bilderberg (Eberhard Grames), Hamburg; **69.36:** Picture-Alliance (dpa/Pohlert), Frankfurt; **70.37:** AKG, Berlin; **71.40:** Spiegel Spezial, Hamburg;

1. Auflage 1 5 4 3 2 | 2010 2009 2008 2007

Alle Drucke dieser Auflage sind unverändert und können im Unterricht nebeneinander verwendet werden.
Die letzten Zahlen bezeichnen jeweils die Auflage und das Jahr des Druckes.

Internetadresse: www.klett.de

Autor:
Christian Taubenberger

Redaktion: Dr. Björn Opfer
Herstellung: Sabine Artner
Reproduktion: Meyle + Müller, Medien-Management, Pforzheim
Kartenbearbeitung: Ingenieurbüro für Kartografie Joachim Zwick, Gießen
Kartografisches Büro Borleis & Weis, Leipzig
Umschlagbild: Polen: Novemberaufstand 1830/31 - Polen spenden Geld für die polnische Aufstandsbewegung COL „Patriotische Opfer der Polen zur Rettung des Vaterlandes". Zeitgenössische Zeichnung

Druck: Druckhaus Götz GmbH, 71636 Ludwigsburg
Printed in Germany

ISBN: 978-3-12-430022-5

9 783124 300225

Inhalt

Hinweise zur Aussprache des Polnischen ... 4

1 **Nation und Nationalismus** ... 5
1.1 Die Nation – Annäherung an einen Begriff ... 5
1.2 Der Nationalismus – Erfolg eines europäischen Weltbilds ... 6
1.3 Die wissenschaftliche „Zähmung" des Nationalismus – Strukturmodelle und Typologien ... 8

2 **Der Weg zur polnischen Nation 1772 - 1918** ... 15
2.1 Von der Teilung bis zum 1. Weltkrieg ... 15
2.2 Polnischer Nationalismus ... 27

3 **Deutscher Nationalismus** ... 44

Internettipps ... 73

Literaturtipps ... 73

Hinweise zur Aussprache des Polnischen:
Die Vokale werden alle kurz ausgesprochen. Die Betonung liegt immer auf der vorletzten Silbe.
Die sog. Zischlaute werden wie folgt gesprochen
cz wie tsch (Kutsche),
sz wie sch (schade),
rz und ż wie in Garage.
ś, ć, ń sind erweichte Konsonanten (ń wie in Kognak). ę und ą sind Nasale und werden en bzw. on ausgesprochen.
ł ist ein kurzes w,
ó wird wie u gesprochen.

Beispiele:

Józef Piłsudski	Juzef Piwudski
Miekiewicz	Miekiewitsch

1 Nation und Nationalismus

1.1 Die Nation – Annäherung an einen Begriff

„Deutschland, Deutschland über alles, über alles in der Welt!", verkündete der Lyriker August Heinrich Hoffmann von Fallersleben in seinem „Lied der Deutschen", das er 1841 auf der Insel Helgoland schrieb. Der Werdegang des „Deutschlandliedes" markiert gleichzeitig die Entwicklung und die Wandlung, die der deutsche Nationalismus und das Bild von der eigenen Nation im 19. und 20. Jahrhundert vollzogen: Die Behauptung von der Stellung Deutschlands über allem „in der Welt", von dem Nationalliberalen Hoffmann von Fallersleben nicht im Sinne einer feindseligen Abgrenzung und Abwertung anderer Nationen gedacht, mutierte in den folgenden Jahrzehnten zum Kern eines aggressiven Nationalismus mit einem ausgeprägten Subordinationsanspruch gegenüber anderen Völkern. Diese negative Aufladung der ersten Strophe des „Deutschlandliedes" ist geblieben: Die Nationalhymne der Bundesrepublik Deutschland besteht nur noch aus der dritten Strophe; die erste Strophe wird in bewusster Anlehnung an ihre nationalistische und nationalsozialistische Anreicherung heute nur noch von Rechtsextremisten deklamiert.

Den Begriff der Nation verbindlich zu definieren, ist vor dem Hintergrund dieses vielfältigen und schwierigen politischen Charakters nicht einfach. Dazu kommt, dass es im 19. Jahrhundert noch keine nennenswerte wissenschaftliche Beschäftigung mit der Nation gab, die für begriffliche Klarheit gesorgt hätte – die Nation galt als selbstverständliches, nicht weiter zu hinterfragendes Phänomen. Erst nach dem Ersten Weltkrieg, als sich zahlreiche Nationalstaaten neu formierten, kam es zu einer breiteren wissenschaftlichen Auseinandersetzung mit der Nation und dem Nationalismus. Diese „ältere" Nationalismusforschung wurde schließlich gegen Ende des letzten Jahrhunderts von der „jüngeren" Nationalismusforschung abgelöst, wobei das Jahr 1983 als das Erscheinungsjahr dreier innovativer Publikationen von Benedict Anderson, Ernest Gellner und Eric J. Hobsbawm die entscheidende Zäsur darstellte.

Seinen Siegeszug durch Europa trat das Modell der modernen Nation im Gefolge der im 17. und 18. Jahrhundert revolutionär entstandenen neuen Nationalstaaten England, Frankreich und Nordamerika an, wo sich eine Krise der bestehenden Herrschafts- und Abhängigkeitsstrukturen so zugespitzt hatte, dass es zu einer Beseitigung der jeweiligen Ordnung kam. In das so entstandene Vakuum konnte die Vorstellung von der souveränen und ganz spezifisch ausgeprägten Nation eintreten, deren kollektiver Wille eine neue, regelrecht geheiligte Legitimitätsbasis darstellte und die bisherigen Bindungen an den König oder an den Adel wirkungsvoll ersetzte. Vor allem für das revolutionäre Frankreich ist es sehr gut möglich, diesen Vorgang nachzuvollziehen: Galten vor der Revolution noch die Generalstände, denen das Privileg der Steuerbewilligung zukam, als gleichbedeutend mit der Nation, so setzte der französische Geistliche Emmanuel Joseph Sieyès im Revolutionsjahr 1789 einen völlig neuen Nationsbegriff durch. Danach war der aus Bürgern und Bauern bestehende Dritte Stand konstitutiv für die Nation und sein Wille zugleich die neue und unantastbare Legitimitätsgrundlage der ersten französischen Republik. Die Wirkung dieser grundlegenden, absolutistische und feudale Herrschaftsverhältnisse gänzlich in Frage stellenden Neuerungen strahlte unter dem zusätzlichen Eindruck der Progressivität und des wirtschaftlichen Erfolgs der jungen Nationalstaaten auf ganz Europa aus und ließ die Nation und den liberal geprägten Nationalstaat in der Wahrnehmung vieler Zeitgenossen als vorbildhaft erscheinen, sodass im 19. Jahrhundert in ganz Europa liberale und nationale Bewegungen entstanden, die von einer individuellen Beschaffenheit der eigenen Nation ausgingen und die politische Umsetzung dieser Individualität durch die Begründung eines einheitlichen Nationalstaats erstrebten. Entsprechend zahlreich sind für diese Zeit die Versuche festzulegen, was eine Nation ausmacht; das Spektrum der Kennzeichen umfasst eine identische Abstammung und Rasse ebenso wie die gemeinsame Sprache, Religion, Geschichte, Wirtschaft und vieles mehr. Für eine kontroverse Auseinandersetzung sorgte dabei der Erklärungsansatz des liberalen Historikers Friedrich Meinecke, der zwischen „Kulturnationen", die auf kollektivem kulturellem Besitz beruhen, „Staatsnationen", die sich durch eine gemeinsame Geschichte und Verfassung definieren, und vielfältigen Mischformen aus diesen beiden Typen unterschied. Als ausgesprochen scharfsichtig schließlich hebt sich im Zusammenhang mit dem Ringen um eine Definition des

1 „Germania", Aquarell von Philipp Veit, 1834 (42,3 cm x 28,8 cm). Die sieben Wappen stellen die sieben Kurfürsten dar, die seit 1356 den Kaiser wählten.

1

Abstraktums „Nation" der französische Gelehrte Ernest Renan hervor, der bereits 1882 Nationalstaatlichkeit und das Konstrukt der Nation als historische und damit endliche Erscheinungen bezeichnete und ihre Ablösung durch eine „europäische Konföderation" prophezeite.
Dass Renan und seine Fähigkeiten zu distanzierter Analyse eine Ausnahmeerscheinung waren, macht die nach 1918 einsetzende „ältere" Nationalismusforschung deutlich, die die Auffassung von der Nation, so wie sie im 19. Jahrhundert weithin vertreten wurde, im Wesentlichen konservierte: Nationen galten demgemäß als gottgewollte, natürliche Einheiten, die schon immer bestanden und in der Neuzeit nach einer organischen, seit dem Mittelalter feststellbaren Entwicklung einen Höhepunkt ihres Bewusstseins und ihrer Ausprägung erreicht hatten. Dieses Bewusstsein artikulierte sich in einem als durch und durch legitim empfundenen Streben der Nationen nach einem eigenen Nationalstaat und hatte seinen Platz in einem umfangreichen Wertesystem zur Rechtfertigung der Nation in Vergangenheit, Gegenwart und Zukunft. Dieses Wertesystem, gleichsetzbar mit den Begriffen des Nationalbewusstseins oder des Patriotismus, wurde vom Nationalismus als seiner übersteigerten, dennoch aber ebenfalls natürlichen Ausprägung abgegrenzt.
Die „jüngere" Nationalismusforschung widersprach der essentialistischen Auffassung von Nationalismus und Nation deutlich: In Anlehnung an den so genannten „linguistic turn" definierte man die Nation als historisches und zeitlich begrenztes Phänomen, das sein Zustandekommen nicht einer natürlichen Entwicklung oder gar einem übernatürlichen Schöpfungsakt verdankt, sondern auf einem imaginären Konstrukt beruht. So wie man zuvor die Nationen als ahistorisch und das Weltbild des Nationalismus als Folge ihres natürlichen Abgrenzungsbedürfnisses betrachtet hatte, so ging man nun umgekehrt davon aus, dass die Nation lediglich konstruiertes, zum obersten Prinzip erhobenes Produkt des Nationalismus sei. Diese „Erfindung" der Nation ermögliche es dem Nationalismus, so folgerte man weiter, jenen großen Verbund an Menschen, die sich als eine gemeinsame Nation empfinden, zu mobilisieren, mit ihm das Ziel der Bildung eines Nationalstaats zu verfolgen und durch eine rigide Ausschluss- und Abgrenzungspraxis herrschaftliche Strukturen nach innen und außen auszubilden. Von diesem „jüngeren" Begriff des Nationalismus ist auszugehen, wenn es im Folgenden um seine Ausprägungen und Bezugsgrößen geht.

2 **„Germania" von Philipp Veit**, Schmucktransparent für die Nationalversammlung in der Frankfurter Paulskirche, 1848.

1.2 Der Nationalismus – Erfolg eines europäischen Weltbilds

„Nicht die Bestrebungen von Nationen schaffen den Nationalismus, vielmehr schafft sich der Nationalismus seine Nationen." Mit diesem Satz bringt Ernest Gellner ein zentrales Theorem der modernen Nationalismusforschung auf den Punkt, die den Nationalismus als Ideensystem auffasst, das mit der imaginären Konstruktion der Nation und der Nationalstaatsbildung zwei unabänderliche Ziele verfolgt und zudem auf verschiedenen ebenso unabänderlichen Axiomen beruht, gleichzeitig aber eine bemerkenswerte Fähigkeit zur Anpassung an die jeweils bestehenden historischen und politischen Gegebenheiten besitzt. Dadurch, dass der Nationalismus seinen Ideenfundus unter Rückgriff auf bereits lange bestehende ethnische Verbände aus vorhandenen und vertrauten Kulturtraditionen bezieht, fiel und fällt sein neuzeitlicher Phänomencharakter kaum auf, sodass die Auffassung von einer natürlichen Zwangsläufigkeit der Nations- und Nationalstaatsbildung auch in der Gegenwart des 21. Jahrhunderts noch immer präsent und politisch mächtig ist.

Eine der wichtigsten axiomatischen „Säulen" des Nationalismus ist seine pseudo-religiöse Aufladung: In Anknüpfung an Abstammungsmythen geht man vielfach von einer besonderen Prädestiniertheit aus und entwickelt die Vorstellung vom eigenen Volk als einem „auserwählten Volk" mit einem von Gott zugewiesenen, angestammten Land als Heimat und einer in der Welt besonderen historischen Rolle. Franzosen beispielsweise konnten sich auf der Grundlage dieses Auserwähltheitsglaubens als „grande nation" empfinden und England als „neues Rom". In der politischen Realität führt er dazu, dass sich nicht nur unreflektierte nationale Stereotypen, sondern im Ringen um das jeweils als gottgegeben interpretierte Territorium auch sehr schnell tiefe, kaum reversible Feindschaften ausbilden, die zudem von charismatischen Führungspersönlichkeiten instrumentalisiert werden können. Im Dunst dieses Vorsehungsglaubens ist es diesen „Führern" darüber hinaus leicht möglich, sich zu gottgesandten Rettern der Nation zu stilisieren.

Als weitere Folge des nationalistischen Prädestinationsgedankens entsteht das Bewusstsein von einer besonderen Mission, einer besonderen „Sendung" der eigenen Nation, das bereits die Grundlage der Expansionskriege Napoleons darstellte und später den Imperialismus der westlichen Welt rechtfertigte. „Am deutschen Wesen soll die Welt genesen", hieß es in Deutschland.
Eine ähnliche Legitimationsrolle wie die Neigung zu transzendentaler Verklärung spielen innerhalb des Ideengebäudes des Nationalismus die Funktionalisierung und die ideologisierende Konstruktion von Geschichte: Der Nationalismus verklärt die Historie der von ihm geschaffenen Nation, indem er Ereignisse oder Persönlichkeiten auch der frühesten Vergangenheit – in Deutschland etwa den Sieg des Cheruskerfürsten Arminius über die römischen Legionen des Varus im Teutoburger Wald 9 nach Christus oder starke mittelalterliche Herrschergestalten wie Karl den Großen und Friedrich Barbarossa – überhöht und als repräsentativ vorstellt oder umgekehrt Niederlagen und Phasen vorübergehender Depression in einen Mythos der nationalen Regeneration und des heroischen nationalen Freiheitskampfes einbettet oder, je nach Integrierbarkeit, auch ganz aus dem kollektiven Gedächtnis verbannt. Überhaupt gesellt sich zu dieser funktionalen Deutung von als typisch und genuin „national" empfundener Geschichte ganz allgemein eine auffällige Neigung zur Mythisierung von Geschichte. Zuvorderst die Barbarossa-Sage ist hierbei für den deutschen Raum zu nennen, nach der der Kaiser, von Raben bewacht, im Kyffhäuser schläft und auf die Wiederkehr seines blühenden Kaiserreiches wartet, was aber erst der Fall ist, wenn die Raben wegfliegen. Wie solches Sagengut funktional in die Deutung der historischen Gegenwart eingebunden wurde, machen die Wandmalereien in der Kaiserpfalz im niedersächsischen Goslar deutlich: Auf einem Wandfresko ist zu sehen, wie die letzten Raben vom Kyffhäuser wegfliegen und der mittelalterliche Herrscher gerade erstanden ist – jedoch nicht mehr mit seinem eigenen roten Bart, sondern mit dem weißen Bart Wilhelms I., der auf diese Weise anlässlich der Reichsgründung von 1871 als „neuer Barbarossa" apostrophiert werden soll. Für die Mythisierung der polnischen „nationalen" Vergangenheit stellt das Gemälde „Der polnische Prometheus" von Horace Vernet ein interessantes Beispiel dar, das die polnische Niederlage im „Novemberaufstand" von 1830 als einen Tiefpunkt in der polnischen Geschichte nichtsdestotrotz in heroisierender Form mit der griechischen Prometheus-Sage in Verbindung bringt. In den Zusammenhang der Mythisierung von Geschichte gehören auch die Indienstnahme von Märchengut durch den Nationalismus – in Deutschland besonders des Dornröschen-Märchens – und Techniken der Allegorisierung und Symbolisierung nationaler Vorstellungen, wie sie sich beispielsweise in den zahlreichen „Germania"-Figuren und -Gemälden widerspiegeln und anlässlich unzähliger „nationaler" Feiern, Gedenktage und sonstiger Rituale zelebriert wurden und werden.
Das Streben nach einer „vollendeten", „reinen" Nation stellt einen weiteren Kernaspekt des Nationalismus dar: Es bringt auf der einen Seite den Anspruch auf Gleichberechtigung aller Mitglieder der Nation mit sich, der für die sozial und gesellschaftlich Benachteiligten Kompensationshoffnung und das Selbstbewusstsein als gedachter Teil eines Kollektivs nährt, faktisch aber noch in keinem Nationalstaat in die Realität umgesetzt worden ist. Auf der anderen Seite führt es zur Exklusion derjenigen, die aus irgendwelchen Gründen als nicht zur Nation gehörig betrachtet werden – im deutschen Kaiserreich von 1871 waren das die sozialdemokratische Arbeiterschaft, die Katholiken und sehr bald auch die Juden. Dieses Streben nach einer „homogenen" Nation und überhaupt bereits die Definition „nationaler" Homogenität sind das Machtinstrument des Nationalismus im Inneren. Der bereits „homogenisierte" Nationalstaat indes ist, weil er die Existenzberechtigung und Machtgrundlage des Nationalismus zerstört, dessen „Kardinalproblem" (Hans-Ulrich Wehler).
In der Zusammenschau dieser Grundpfeiler lassen sich die Anziehungskraft und die Sogwirkung, die der Nationalismus seit seinem Auftreten auf alle Bevölkerungsschichten ausübt und vor allem im 19. und 20. Jahrhundert ausübte, nachvollziehen: Der Glaube an die eigene Nation als die mystifizierte und höchste Legitimations- und Identifikationsinstanz stellt besonders in

3 **„Barbarossas Erwachen im Kyffhäuser", Wandgemälde von Hermann Wislicenus in der Kaiserpfalz Goslar (1876–1897).**

4 **„Der polnische Prometheus“**, Ölgemälde von Emil Jean Horace vernet zur Darstellung der Niederschlagung des „Novemberaufstandes“ durch Russland, das hier durch den Raubvogel symbolisiert wird, wohl 1831.

Zeiten der wirtschaftlichen, politischen oder kulturellen Verunsicherung ein Deutungsmuster dar, das sowohl für das Diesseits als auch für das Jenseits sinnstiftend wirkt. Je stärker diese Sinnstiftung benötigt wird, desto weiter kann der Nationalismus in seiner Forderung an das im Kollektiv der absolut gesetzten Nation aufgegangene Individuum gehen – im Extremfall sogar bis hin zur Forderung nach dem Opfertod für die eigene Nation. Besonders im Ersten Weltkrieg gelang es dem Nationalismus auf diese Weise, Massen für den Einsatz für das „Vaterland“ zu mobilisieren.

Auch wenn die bereits benannten Faktoren die generellen Erfolgschancen des Nationalismus nachvollziehbar erscheinen lassen – sie erklären nicht, warum der Nationalismus seine ersten und größten Erfolge auf dem europäischen Kontinent feiern konnte. Tatsächlich lagen hier Bedingungen vor, die die Ausbreitung des neuen Weltbildes massiv begünstigten: Kapitalismus, Aufklärung, Säkularisierung und umfangreiche wissenschaftliche Neuerungen hatten in den westlichen Gesellschaften zu einer fundamentalen Krise und zu einer Lockerung herrschaftlicher Bindungen geführt. Wissen, Ideen und Ideologien war es im Zuge der revolutionären Veränderungen im Verkehrswesen und der durch zunehmende Alphabetisierung der Bevölkerung möglich gewordenen rasanten Expansion des Medienmarktes zudem ein Leichtes, sich bekannt zu machen. Besonders die massive Verbreitung der Druckmedien ermöglichte es beispielsweise, einen einzelnen Dialekt zur „nationalen Hochsprache“ zu transformieren und sprachlichen Homogenisierungsdruck auf die Bevölkerung auszuüben. In Italien etwa betraf diese Privilegierung einen Dialekt, der von nur knapp drei Prozent der späteren „Italiener“ gesprochen wurde und heute wie selbstverständlich als das „Italienische“ gilt. Neben dem Umstand, dass die so entstandene „Volkssprache“ den Nationen Beweis für die eigene Existenz war, konnte sie ihrerseits als Transportmedium für nationale Vorstellungen und die „Propagandaarbeit“ des Nationalismus im Rahmen zahlreicher Feste, Lieder oder Denkmäler fungieren. Von diesen besonderen Entwicklungsvoraussetzungen abgesehen, fand der Nationalismus im Westen bereits lange traditionsgeprägte Ethnien und staatliche Strukturen vor, aus deren Fundus an Leitbildern und Vorstellungen er sich bedienen und deren intellektuelle Repräsentanten er für eine Trägerschaft seiner Axiome gewinnen konnte. Gerade die rasche Etablierung des Nationalismus in Europa erklärt sich aus dieser umfassenden Adaption bereits vertrauten ideologischen Materials heraus, die umgekehrt einen wesentlichen Grund darstellt für den Umstand, dass Nationalismus und Nation als die modernen Phänomene, die sie sind, nicht recht wahrgenommen wurden und werden.

1.3 Die wissenschaftliche „Zähmung“ des Nationalismus – Strukturmodelle und Typologien

Angesichts dieser vielfältigen Ausprägungen des Nationalismus erscheint es schlichtweg unmöglich, dieses Ideengebäude erschöpfend zu beschreiben. In der Forschung hat man sich deswegen daran versucht, es zu kategorisieren und systematisierend zu erschließen.

Für die Entwicklung des Nationalismus ist in diesem Zusammenhang das Dreiphasenmodell von Miroslav Hroch zu nennen, der eine erste Phase in der Entwicklung des Nationalismus mit den künstlerischen, literarischen und historischen Interessen vereinzelter Intellektueller beginnen sieht. Sie sind die Schöpfer von Lexika, Grammatiken oder historischen Quelleneditionen, die sie als Ausdruck der Beschäftigung mit „nationalem“ Kulturgut und dabei vor allem der „nationalen“ Sprache verstanden wissen wollen, die aber in dieser ersten Phase noch auf lediglich geringe Resonanz stoßen. Die zweite von Hroch ausgemachte Entstehungsphase, die Phase eines intellektuellelitären Nationalismus, ist in Deutschland stark bürgerlich geprägt und führt hier zur Bildung kleinerer programmatisch aktiver Zirkel, während es in Polen einen sehr hohen Anteil an Adligen gibt. In der dritten Phase schließlich mutiert der Nationalismus zur Massenbewegung mit „Führern" vornehmlich bürgerlicher Provenienz und beginnt, sich über das Bürgertum hinaus auch auf unterbürgerliche Schichten zu erstrecken.

Neben dem Unterfangen, die Entstehungsphasen des Nationalismus schematisch nachzuzeichnen, hat die wissenschaftliche Forschung - das Beispiel des Historikers Friedrich Meinecke ist bereits angeführt worden - auch versucht, den Nationalismus anhand seiner zu einem bestimmten Zeitpunkt bestehenden Ausprägungsformen typologisch zu ordnen - nicht ohne grundsätzlich darauf zu verweisen, dass die jeweils ausgemachten Typen in der historischen Realität stets auch als Mischformen auftreten können. Der überzeugendste Typologieversuch unterscheidet vier Formen des Nationalismus: den „integrierenden" Nationalismus in England, Frankreich und Nordamerika, der in einer ersten Phase des Nationalismus einen bereits bestehenden Herrschaftsverband unter Produktion einer neuen Legitimitätsbasis zum Nationalstaat transformierte, den „unifizierenden" Nationalismus in Italien und Deutschland, der in einer zweiten Entwicklungsstufe voneinander unabhängige Ethnien aus getrennten Herrschaftsverbänden zu einer einzigen Nation erklärte und auf der Basis dieses Konstrukts gewaltsam das Ziel eines Nationalstaats durchsetzte, den „sezessionistischen" Nationalismus in den Vielvölkerstaaten Österreich-Ungarn, Russland und Osmanisches Reich, der nach 1918, also in einer dritten Phase, zum Zerfall dieser Reiche und zur Entstehung neuer Nationalstaaten führte, und schließlich den „Transfernationalismus", der auf einer vierten Stufe als „Westimport" in den ehemaligen Kolonien nach 1945 wirksam wurde.

5 Emmanuel Joseph Sieyès: Was ist der Dritte Stand? (1789)

Was ist eine Nation? Eine Gesellschaft, welche unter einem gemeinschaftlichen Gesetz lebt und durch ein und dieselbe gesetzgebende Versammlung vertreten wird. Ist es nicht eine Tatsache, dass der Adelsstand Vorrechte und Privilegien genießt, welche er seine Rechte zu nennen sich erdreistet und welche von den Rechten des großen Ganzen der Bürger abgesondert sind? Er tritt dadurch aus der gemeinsamen Ordnung und dem gemeinschaftlichen Gesetz heraus. Also schon seine bürgerlichen Rechte machen aus ihm ein eigenes Volk in der Nation. Das ist wahrlich ein imperium in imperio.

Was seine politischen Rechte betrifft, so übt er auch sie besonders aus. Er hat eigene Stellvertreter, welche keineswegs die Vollmacht des Volkes haben. Seine Abgeordneten halten ihre Sitzungen gesondert ab. Auch wenn er sich in einem Saal mit den Abgeordneten der einfachen Bürger versammeln würde, wäre ebenso gewiss, dass seine Stellvertretung prinzipiell unterschieden wäre. Sie ist für die Nation ganz fremd, zunächst durch ihren Ursprung, weil ihre Abordnung nicht vom Volk kommt, und dann durch ihren Gegenstand, welcher darin besteht, nicht das allgemeine, sondern das Privatinteresse zu verteidigen.

Der Dritte Stand umfasst alles, was zur Nation gehört. Und alles, was nicht der Dritte Stand ist, kann sich nicht als ein Bestandteil der Nation betrachten. Was ist der Dritte Stand? Alles ...

Allein, man sage uns einmal, von welchen Standpunkten und Interessen her man der Nation hätte eine Verfassung geben können. Die Nation existiert vor allem anderen; sie ist der Ursprung von allem. Ihr Wille ist immer legal; sie ist das Gesetz selbst. Vor ihr und über ihr gibt es nur das natürliche Recht. Wenn wir uns eine richtige Vorstellung von den positiven Gesetzen machen wollen, die nur von ihrem Willen ausgehen können, sehen wir in erster Linie die Gesetze der Grundverfassung, welche sich in zwei Gruppen aufteilen: Die einen bestimmen die Organisation und die Tätigkeit der gesetzgebenden Versammlung. Die anderen bestimmen die Organisation und die Funktionen der verschiedenen ausführenden Körperschaften. Diese Gesetze werden Grundgesetze genannt, nicht in dem Sinn, dass sie von dem Nationalwillen unabhängig sein können, sondern weil die Körperschaften, welche durch dieselben existieren und handeln, sie nicht antasten können ...

Die Regierung übt nur insofern eine wirkliche Gewalt aus, als sie verfassungsmäßig ist. Sie ist nur insofern gesetzmäßig, als sie den ihr auferlegten Gesetzen treu ist. Der Nationalwille dagegen braucht nur seine Existenz, um stets gesetzmäßig zu sein; er ist der Ursprung aller Gesetzlichkeit. Die Nation ist nicht nur keiner Verfassung unterworfen, sie kann und darf es auch nicht sein, was soviel heißt, dass sie es nicht ist.

Sie kann es nicht sein. Von wem, in der Tat, hätte sie eine positive Ordnung erhalten können? Gibt es eine vorhergehende Macht, welche zu einer Menge von Individuen sagen könnte: „Ich vereinige euch unter diesen Gesetzen. Ihr werdet eine Nation unter den Bedingungen bilden, die ich euch vorschreibe." Wir reden hier nicht von Usurpation und nicht von Gewaltherrschaft, sondern von gesetzmäßiger, das heißt freiwilliger und freier gesellschaftlicher Verbindung ...

Eine Nation darf sich nicht, wenn sie es auch könnte, die Fesseln einer positiven Verfassungsform anlegen. Sie würde sich dadurch der Gefahr aussetzen, auf immer ihre Freiheit zu verlieren; denn die Tyrannei bedarf nur einen Augenblick glücklichen Erfolgs, um das Volk unter dem Vorwand einer Verfassung einer solchen Ordnung zu unterwerfen, dass es ihm alsdann unmöglich sein würde, seinen Willen frei auszudrücken und die Ketten des Despotismus abzuschütteln. Man muss die Nationen auf der Erde als Individuen ohne gesellschaftliche Bindung oder, wie man sagt, im Naturzustand betrachten. Die Ausübung ihres Willens ist frei und von allen bürgerlichen Formen unabhängig.

Aus: Peter Alter [Hg.]: Nationalismus. Dokumente zur Geschichte und Gegenwart eines Phänomens, München: R. Piper 1994. S. 37 f.

6 Prolog zum Märchenzyklus: Dornröschens Geburt. Wandgemälde von Hermann Wislicenus in der Kaiserpfalz in Goslar (1876–1897).

7 John Stuart Mill: Betrachtungen über die repräsentative Demokratie (1861)

Man kann sagen, eine Gruppe von Menschen konstituiere eine Nation, wenn diese Menschen untereinander durch gegenseitige Sympathien verbunden sind, die zwischen ihnen und irgendwelchen anderen nicht bestehen; aus diesem Gefühl heraus nämlich sind sie eher zur Kooperation untereinander bereit als mit anderen und wünschen sich eine gemeinsame Regierung – und zwar eine Regierung, die ausschließlich durch sie selbst oder aber durch einen Teil von ihnen gebildet wird. Ein solches Gefühl der nationalen Zusammengehörigkeit kann aus den verschiedensten Ursachen entstanden sein. Mitunter wird es durch gleiche Rasse und Abstammung hervorgerufen; Gemeinsamkeit der Sprache und Religion fördern es entscheidend. Auch geographische Grenzen stellen eine der Ursachen für die Entstehung des Nationalgefühls dar. Am stärksten in diesem Sinne aber wirkt eine gemeinsame politische Vergangenheit: der Besitz einer nationalen Geschichte und die sich daraus ergebende Gemeinsamkeit der Erinnerungen: kollektive Gefühle des Stolzes und der Scham, der Freude und des Leides, die sich an die nämlichen Ereignisse der Vergangenheit knüpfen. Allerdings stellt keines dieser Momente eine unerlässliche Bedingung dar, wie auch keines allein für sich schon ausreichend sein muss ... Dennoch lässt sich generell sagen, dass das Nationalbewusstsein beim Fehlen eines der genannten Faktoren entsprechend schwächer ist. Die gemeinsame Sprache und Literatur und bis zu einem gewissen Grade die Gleichheit der Rasse und der historischen Vergangenheit vermochten unter den verschiedenen Territorialstaaten deutschen Namens, obgleich sie niemals wirklich unter einer Regierung vereinigt gewesen sind, zwar ein Nationalgefühl von beträchtlicher Stärke aufrechtzuerhalten; aber dieses Gefühl hat niemals ausgereicht, um den Wunsch nach Aufgabe der einzelstaatlichen Autonomie aufkommen zu lassen. Eine weitaus schwächer entwickelte sprachliche und literarische Einheit sowie eine geographische Lage, die das Land durch eine scharfe natürliche Grenze von den anderen Ländern trennt, haben andererseits in der Bevölkerung Italiens ein Maß an Nationalgefühl entstehen lassen, das – obgleich es noch nicht einmal voll entfaltet ist – bereits die großen Ereignisse bewirken konnte, die sich heute vor unseren Augen vollziehen.

Aus: John Stuart Mill: Betrachtungen über die repräsentative Demokratie. Paderborn 1971. S. 241 f. Übers. H. Isle-Dietrich

8 Ernest Renan: Was ist eine Nation? (1882)

Eine Nation ist eine Seele, ein geistiges Prinzip. Zwei Dinge, die in Wahrheit nur eins sind, machen diese Seele, dieses geistige Prinzip aus. Eines davon gehört der Vergangenheit an, das andere der Gegenwart. Das eine ist der gemeinsame Besitz eines reichen Erbes an Erinnerungen, das andere ist das gegenwärtige Einvernehmen, der Wunsch zusammenzuleben, der Wille, das Erbe hochzuhalten, welches man ungeteilt empfangen hat [...]

In der Vergangenheit ein gemeinschaftliches Erbe von Ruhm und von Reue, in der Zukunft ein gleiches Programm verwirklichen, gemeinsam gelitten, sich gefreut, gehofft haben – das ist mehr wert als gemeinsame Zölle und Grenzen, die strategischen Vorstellungen entsprechen [...]

Eine Nation ist also eine große Solidargemeinschaft, getragen von dem Gefühl der Opfer, die man gebracht hat, und der Opfer, die man noch zu bringen gewillt ist. Sie setzt eine Vergangenheit voraus, aber trotzdem fasst sie sich in der Gegenwart in einem greifbaren Faktum zusammen: der Übereinkunft, dem deutlich ausgesprochenen Wunsch, das gemeinsame Leben fortzusetzen. Das Dasein einer Nation ist – erlauben Sie mir dieses Bild – ein tägliches Plebiszit, wie das Dasein des einzelnen eine andauernde Behauptung des Lebens ist [...]

Die Nationen sind nichts Ewiges. Sie haben einmal angefangen, sie werden enden. Die europäische Konföderation wird sie wahrscheinlich ablösen. Aber das ist nicht das Gesetz des Jahrhunderts, in dem wir leben. Gegenwärtig ist die Existenz der Nationen gut, sogar notwendig. Ihre Existenz ist die Garantie der Freiheit, die verloren wäre, wenn die Welt nur ein einziges Gesetz und einen einzigen Herrn hätte.

Mit ihren verschiedenen Fähigkeiten, die einander oft entgegengesetzt sind, dienen die Nationen dem gemeinsamen Werk der Zivilisation. Alle tragen zu dem großen Konzert der Menschheit eine Note bei, das, als Ganzes, die höchste ideale Realität ist, an die wir heranreichen. Voneinander isoliert, haben sie nur schwache Partien [...]
Ich fasse zusammen: Der Mensch ist weder der Sklave seiner Rasse, seiner Sprache, seiner Religion noch des Laufs der Flüsse oder der Richtung der Gebirgsketten. Eine große Ansammlung von Menschen, gesunden Geistes und warmen Herzens, erschafft ein Moralbewusstsein, welches sich eine Nation nennt. In dem Maße, wie dieses Moralbewusstsein seine Kraft beweist durch die Opfer, die der Verzicht des einzelnen zugunsten der Gemeinschaft fordert, ist die Nation legitim, hat sie ein Recht zu existieren. Wenn sich Zweifel an ihren Grenzen erheben, dann soll die Bevölkerung befragt werden. Sie hat durchaus ein Recht auf ein Urteil darüber.

Aus: Ernest Renan: Was ist eine Nation? In: Michael Jeismann/Henning Ritter [Hg.]: Grenzfälle. Über neuen und alten Nationalismus. Leipzig 1993. S. 308 ff.

9 Friedrich Meinecke: Weltbürgertum und Nationalstaat (1907)

Wer über die Entstehungsgeschichte des nationalstaatlichen Gedankens in Deutschland etwas sagen will, muss sich zunächst eine klare Vorstellung vom Wesen der Nation und des Nationalstaates und vom Verhältnis beider Begriffe zueinander bilden.
Was sondert innerhalb des universalen Rahmens der Menschheitsgeschichte einzelne Nationen voneinander ab? Die Antwort kann nur sein, dass es keine Formel gibt, welche allgemeingültig die Merkmale dafür angibt. Nationen, so sieht man wohl auf den ersten Blick, sind große, mächtige Lebensgemeinschaften, die geschichtlich in langer Entwicklung entstanden und in unausgesetzter Bewegung und Veränderung begriffen sind, aber deswegen hat das Wesen der Nation auch etwas Fließendes. Gemeinsamer Wohnsitz, gemeinsame Abstammung – oder, genauer gesagt, da es keine im anthropologischen Sinne rassenreinen Nationen gibt –, gemeinsame oder ähnliche Blutmischung, gemeinsame Sprache, gemeinsames geistiges Leben, gemeinsamer Staatsverband oder Föderation mehrerer gleichartiger Staaten – alles das können wichtige und wesentliche Merkmale einer Nation sein, aber damit ist nicht gesagt, dass jede Nation sie alle zusammen besitzen müsste, um eine Nation zu sein. Unter allen Umständen muss irgendeine geschichtlich erwachsene geistige Gemeinschaft und ein mehr oder minder helles Bewusstsein von ihr vorhanden sein, aber wie sie entstanden ist und worauf sie vor allem beruht, darüber belehrt uns kein allgemeines Gesetz, sondern nur die Untersuchung des konkreten Einzelfalls [...]
Wir fassen die Nationen hier nicht in ihren ersten Ursprüngen, die in der Regel wohl auf ein Zusammenwachsen aus kleineren Stämmen und Verbänden zurückgehen, sondern in ihrem entwickelteren Stadium ins Auge. Da ist es denn, trotz aller gleich zu machenden Vorbehalte, ein durchaus fruchtbarer Gedanke, die Nationen einzuteilen in Kulturnationen und Staatsnationen, in solche, die vorzugsweise auf einem irgendwelchen gemeinsam erlebten Kulturbesitz beruhen, und solche, die auf der vereinigenden Kraft einer gemeinsamen politischen Geschichte und Verfassung vor allem beruhen [...]
Die aktivste Form des modernen Nationalgedankens wurde der moderne Nationalstaatsgedanke. Die älteren Nationalstaaten Frankreich und England verjüngten sich und räumten, der eine rasch und leidenschaftlich, der andere langsam und bedächtig, die Zwischengewalten weg, die der innigeren Vereinigung von Nation und Staat bisher im Wege gestanden hatten. Ganz neue Nationalstaaten erwuchsen aus Nationen, die Jahrhunderte hindurch nur als Kulturnationen geblüht hatten.
Weil aber das Wesen des modernen Nationalstaates höchstmögliche Aktivität der ihn bildenden Nation ist, so ist es mit seiner äußeren Herstellung und Erhaltung noch lange nicht getan. Es ist damit nur der äußere Wall der Macht gleichsam geschaffen, von dem aus nun die Nation als Staatsnation selbstbewusst und gerüstet in die Welt sieht, und innerhalb dessen sie jetzt ihr inneres geistiges und gesellschaftliches Leben zugleich zu steigern und zu harmonisieren strebt. Damit kommt nun auch in die Nation als Kulturnation ein neuer Zug, eine größere Aktivität, eine bewusstere Arbeit an sich selbst. Sie stachelt auch solche Nationen an, die auch jetzt noch nur Kulturnation bleiben, und rührt zumal diejenigen Teile von Nationen auf, die von ihrer politisch geeinigten Hauptmasse abgetrennt sind und mit ihr nur in Kulturgemeinschaft stehen können. Das Ideal ist allenthalben: Ungebrochene nationale Lebensgemeinschaft in allen wesentlichen Zielen des Daseins [...]
Im älteren Nationalstaate war es in der Regel nicht zweifelhaft, wer den Kopf und wer die folgsamen Glieder vorstellte.
Im jüngeren Nationalstaate dagegen, wo die verschiedensten Individualitäten und sozialen Gruppen die Idee der Nation ergreifen und sich in sie hineinprojizieren, ist des Zweifels und des Kampfes darüber kein Ende. Wer nur auf diesen Kampf sieht, kann wohl meinen, dass man dem

10 „Germania" auf der Wacht am Rhein. Gemälde von Lorenz Clasen (1812–1899), um 1860.

Ziele der vollen Lebensgemeinschaft nicht näher, sondern ferner rücke und dass die Nationen in ihrer früheren vegetativen Periode viel einheitlicher, viel ungebrochener in sich gelebt hätten. Aber es ist ja auch nicht die Einheitlichkeit an sich, die dem modernen Empfinden als höchster Wert erscheint, sondern die mit Leben und Kraft gesättigte Einheitlichkeit; nicht der harmonische Akkord an sich, sondern der möglichst reiche harmonische Akkord ...
Unfertig und unvollkommen war, wie wir sahen, schon der ältere Nationalstaat seinem inneren Wesen nach. Auch der neuere ist es, aber aus wesentlich anderen Ursachen als der ältere. Diesem fehlte es an spontaner Bewegung aus den tieferen Kreisen der Nation her, jener hat davon eher zuviel und müht sich ab, die auseinanderstrebenden und auf ihn eindrängenden Parteiungen zusammenzuhalten. Aber weil dieses Zuviel an Bewegung aus der reicheren Differenzierung der Individuen quillt, so kann auch die Aufgabe des modernen Nationalstaates nicht sein, die Gegensätze zu vernichten, die nationale Kultur zu nivellieren, sondern nur eine Gemeinsamkeit in gewissen Grundanschauungen und eine gegenseitige Duldung und Anerkennung dessen, was verschieden und mannigfaltig bleiben darf, zu erreichen, – einen Gottesfrieden gleichsam für gewisse Tage des nationalen Lebensjahres. Wird diese Aufgabe auch nur einigermaßen gelöst, so darf der moderne Nationalstaat sich rühmen, ein schwereres und doch wohl auch höheres Werk vollbracht zu haben als der alte Nationalstaat.

Aus: Friedrich Meinecke: Weltbürgertum und Nationalstaat. Studien zur Genesis des deutschen Nationalstaates. 3. Aufl. München/Berlin 1915. S. 1–3, 9–12.

11 Benedict Anderson: Die Erfindung der Nation (1983)

Es ist ratsam, zunächst den Begriff „Nation“ kurz zu erörtern und eine praktikable Definition zu geben. Nationalismustheoretiker sind oft von drei Paradoxa irritiert: 1. Der objektiven Neuheit von Nationen aus dem Blickwinkel des Historikers steht das subjektive Alter in den Augen der Nationalisten gegenüber. 2. Der formalen Universalität von Nationalität als soziokulturellem Begriff – in der modernen Welt kann, sollte und wird jeder eine Nationalität „haben“, so wie man ein Geschlecht „hat“ – steht die marginale Besonderheit ihrer jeweiligen Ausprägungen gegenüber, wie zum Beispiel die definierte Einzigartigkeit der Nationalität „Griechisch“. 3. Der „politischen“ Macht des Nationalismus steht seine philosophische Armut oder gar Widersprüchlichkeit gegenüber. Mit anderen Worten: Anders als andere Ismen hat der Nationalismus nie große Denker hervorgebracht – keinen Hobbes, keinen Marx und keinen Weber [...]
Ein Problem besteht auch darin, dass man unbewusst dazu neigt, die Existenz des Nationalismus zu hypostasieren, und „ihn“ als eine Weltanschauung unter vielen einordnet. Es würde die Angelegenheit leichter machen, wenn man ihn begrifflich nicht wie „Liberalismus“ oder „Faschismus“ behandelte, sondern wie „Verwandtschaft“ oder „Religion“.
In einem solchermaßen anthropologischen Sinne schlage ich folgende Definition von Nation vor: Sie ist eine vorgestellte politische Gemeinschaft – vorgestellt als begrenzt und souverän.
Vorgestellt ist sie deswegen, weil die Mitglieder selbst der kleinsten Nation die meisten anderen niemals kennen, ihnen begegnen oder auch nur von ihnen hören werden, aber im Kopf eines jeden die Vorstellung ihrer Gemeinschaft existiert [...]
In der Tat sind alle Gemeinschaften, die größer sind als die dörflichen mit ihren Face-to-face-Kontakten, vorgestellte Gemeinschaften. Gemeinschaften sollten nicht durch ihre Authentizität voneinander unterschieden werden, sondern durch die Art und Weise, in der sie vorgestellt werden [...]
Die Nation wird als begrenzt vorgestellt, weil selbst die größte von ihnen mit vielleicht einer Milliarde Menschen in genau bestimmten, wenn auch variablen Grenzen lebt, jenseits derer andere Nationen liegen. Keine Nation setzt sich mit der Menschheit gleich. Selbst die glühendsten Nationalisten träumen nicht von dem Tag, da alle Mitglieder der menschlichen Rasse ihrer Nation angehören werden – anders als es in vergangenen Zeiten den Christen möglich war, von einem ganz und gar „christlichen“ Planeten zu träumen.
Die Nation wird als souverän vorgestellt, weil ihr Begriff in einer Zeit geboren wurde, als Aufklärung und Revolution die Legitimität der als von Gottes Gnaden gedachten hierarchisch-dynastischen Reiche zerstörten. Dieser Begriff erlangte seine Reife in einem historischen Moment, als selbst die frommsten Anhänger jeglicher Universalreligion mit dem lebendigen Pluralismus solcher Religionen und dem Auseinandertreten von ontologischen Ansprüchen jeden Glaubens und seiner territorialen Ausdehnung konfrontiert waren. Deshalb träumen Nationen davon, frei zu sein und dies unmittelbar – wenn auch unter Gott. Maßstab und Symbol dieser Freiheit ist der souveräne Staat.
Schließlich wird die Nation als Gemeinschaft vorgestellt, weil sie, unabhängig von realer Ungleichheit und Ausbeutung, als „kameradschaftlicher“ Verbund von Gleichen verstanden wird. Es war diese Brüderlichkeit, die es in den letzten zwei Jahrhunderten möglich gemacht hat, dass Millionen von Menschen für so begrenzte Vorstellungen weniger getötet haben als vielmehr bereitwillig gestorben sind.
Dieses Sterben konfrontiert uns mit dem zentralen Problem, vor das uns der Nationalismus stellt: Wie kommt es, dass die kümmerlichen Einbildungen der jüngeren Geschichte (von kaum mehr als zwei Jahrhunderten) so ungeheure Blutopfer gefordert haben? Ich bin der Überzeugung, dass die Antwort in den kulturellen Wurzeln des Nationalismus liegt.

Aus: Benedict Anderson: Die Erfindung der Nation. Zur Karriere eines folgenreichen Konzepts. Frankfurt/M. 1988. S. 14–17, © Campus Verlag, Frankfurt/M. Übers. Benedikt Burkhard

12 „Deklaration an die Völker Europas“ der griechischen Nationalversammlung (1822)

Wir, die Nachkommen der edlen und klugen Völker von Hellas, wir, die wir Zeitgenossen der aufgeklärten und zivilisierten Völker Europas sind, wir, die wir die Vorteile, die jene unter dem Schutz der unüberwindlichen Ägide des Rechts genießen, von Ferne beobachten, können um unserer Selbstachtung willen nicht länger das Joch der ottomanischen Macht ertragen, die uns seit mehr als 400 Jahren bedrückt – einer Macht, die für Gründe taub ist und kein anderes Recht kennt als ihren eigenen Willen, die willkürlich befiehlt und anordnet. Auf Grund dieser fortdauernden Sklaverei haben wir beschlossen, zu den Waffen zu greifen, um uns und unser Land zu rächen für eine schreckensreiche, ihrer Natur nach frevlerische Tyrannis,

für eine beispiellose Despotie, unvergleichbar jeder anderen Herrschaft.
Der Krieg, den wir gegen die Türken führen, ist nicht der einer Partei oder das Resultat einer Meuterei, er wird nicht geführt, um Vorteile für irgendeinen einzelnen Teil des griechischen Volkes zu gewinnen; es ist ein nationaler Krieg, ein heiliger Krieg, ein Krieg mit dem Ziel, die Rechte der persönlichen Freiheit, des Eigentums und der Ehre zurückzuerobern – Rechte, die die zivilisierten Völker Europas, unsere Nachbarn, heute besitzen, Rechte, die die grausame, unerhörte Tyrannei der Ottomanen uns vorenthält – uns allein –, und noch die Erinnerung an diese Rechte wollen sie in unseren Herzen ersticken.
Sind wir denn weniger vernünftig als andere Völker, dass wir von diesen Rechten ausgeschlossen bleiben sollen? Sind wir so minderwertige und niedrige Geschöpfe, unwürdig, diese Rechte zu genießen, verdammt, unter ewiger Sklaverei zu schmachten, wie Lasttiere oder bloße Gliederpuppen, den absurden Launen eines grausamen Tyrannen unterworfen, der wie ein gemeiner Räuber von weit her gekommen ist, um unsere Küsten zu überfallen? Die Natur hat jene Rechte in den Herzen aller Menschen verankert ... Wir bauen auf das Fundament unserer natürlichen Rechte und wollen uns den übrigen Christen in Europa, unseren Brüdern angleichen; darum haben wir einen Krieg gegen die Türken begonnen, oder besser gesagt, wir haben alle unsere isolierten Kräfte vereint und uns zu einem einzigen bewaffneten Körper formiert, fest entschlossen, unser Ziel zu erreichen, nämlich: uns selbst durch weise Gesetze zu regieren oder alle zusammen unterzugehen. Wir, die Nachkommen der ruhmreichen Völker von Hellas, empfinden es als unwürdig, länger in einem Zustand der Sklaverei zu leben, der vernunftlosen Tieren angemessen ist, nicht aber denkenden Menschen.

Aus: Hans Kohn: Von Machiavelli zu Nehru. Zur Problemgeschichte des Nationalismus. Freiburg 1964. S. 117 f. Übers. Heddy Pross-Weerth

13 Josiah Strong: Our Country (1885)

Es ist nicht unwahrscheinlich, dass vor Ende des nächsten Jahrhunderts diese Rasse zahlenmäßig allen anderen zivilisierten Rassen der Welt überlegen sein wird. Sieht es nicht so aus, als wollte Gott den Völkern dieser Erde den Stempel unserer angelsächsischen Zivilisation aufdrücken? Sieht es nicht gleichzeitig so aus, als wolle er diese Zivilisation mit der ihr zustehenden Macht versehen? Meine Zuversicht, dass es dieser Rasse gelingen wird, ihre Zivilisation der Menschheit aufzuprägen, basiert nicht allein auf ihrer numerischen Überlegenheit, wie etwa in China! Worauf ich meine Hoffnung setze, ist, dass in dieser Rasse etwas vereint ist, was die Welt nie zusammen gesehen hat, d. h. zahlenmäßige Überlegenheit und eine hochentwickelte Zivilisation. Es kann nicht ernsthaft bezweifelt werden, dass Nordamerika die große Heimat der Angelsachsen werden wird, das Zentrum ihrer Macht, ihres Lebens und ihres Einflusses [...]
Es scheint mir, dass Gott in seiner unendlichen Weisheit die angelsächsische Rasse auf eine Stunde vorbereiten will, die die Welt mit Sicherheit einmal erleben wird. Bis heute gab es in der Weltgeschichte immer ein relativ unbesiedeltes Land im Westen, in welches sich die überzählige Bevölkerung der im Osten liegenden Länder ergießen konnte. Die immer weiterausgreifenden Auswanderungswellen, die vor Jahrtausenden vom Tal des Euphrat ihren Ausgang nahmen und sich nach Ost und West ergossen, haben heute unsere Pazifikküste erreicht. Es gibt nunmehr keine neuen Welten mehr. Die unbesiedelten und unkultivierten Landstriche der Erde sind begrenzt und werden bald alle okkupiert sein. Es wird nicht mehr lange dauern, bis die Bevölkerung die Grenzen der Subsistenzmittel zu spüren bekommen wird, wie dies heutzutage in Europa und Asien bereits der Fall ist. Dann wird die Welt in ein neues Stadium ihrer Geschichte eintreten – den Endkampf der Rassen, auf den die angelsächsische Rasse gegenwärtig vorbereitet wird. Lange bevor diese Abertausende und Millionen von Menschen hier sein werden, wird die mächtige Zentrifugalkraft, die der angelsächsischen Rasse angeboren ist und die in den Vereinigten Staaten noch an Intensität gewonnen hat, sich endgültig durchsetzen. Dann wird diese Rasse in ihrer unvergleichlichen Energie und mit ihren majestätischen Bevölkerungszahlen, gestützt auf die sich von ihrem großen Reichtum ableitende Macht, den höchsten Grad an Freiheit, die reinste Form des Christentums und die höchstentwickelte Zivilisation repräsentieren. Da sie zudem die besonders aggressive Fähigkeit ausgebildet hat, der Menschheit ihre Institutionen aufzuprägen, wird sie sich über den ganzen Erdball ausbreiten.

Aus: Peter Alter [Hg.]: Nationalismus. Dokumente zur Geschichte und Gegenwart eines Phänomens, München: R. Piper 1994. S. 167 ff.

14 Francesco Crispi: Discorsi di Politica Estera (1885)

Meine Herren, Italien ist sehr spät in die Familie der großen Staaten eingetreten. Es hatte die Ehre, Amerika zu entdecken, doch es hatte nicht die Macht, dort auch seine Herrschaft zu errichten. Unsere alten Republiken dehnten sich über die entfernten Meere Europas, Afrikas und Asiens aus, aber von ihren Eroberungen ist dort nicht mehr geblieben als Erinnerungen. Das neue Italien muss also alles von vorn beginnen; es muss sich im Innern festigen,

15 **„Germania".** Postkarte nach dem Gemälde von Friedrich August von Kaulbach, 1914.

1

und es muss seine Stellung gegenüber den anderen Völkern wiederaufbauen.
Die Kolonien sind eine Notwendigkeit des modernen Lebens. Wir können nicht untätig bleiben, während die anderen Mächte alle noch unerforschten Teile der Welt besetzen. Bleiben wir untätig, machen wir uns eines großen Versäumnisses gegenüber unserem Vaterland schuldig, denn wir würden für immer die Wege für unsere Schiffe, Märkte und Produkte versperren. Italien [...] erlebt einen ständigen wirtschaftlichen Fortschritt. Es kann der Tag kommen, an dem wir leicht zugängliche und konkurrenzlose Märkte benötigen. Wir können uns nur behaupten, wenn wir unsere Fahne auf allen Weltmeeren zeigen ...
Meine Herren, in den Staatsangelegenheiten zählen die Verdienste nicht nach Mark und Pfennigen. Die großen Nationen müssen sich in den verschiedenen Teilen der Welt zur Geltung bringen. Dies geschieht durch den Schutz ihres Handels und die Ausbreitung jener Kultur, an deren Triumph in der Welt wir unbedingt beteiligt sein müssen.

Aus: Peter Alter [Hg.]: Nationalismus. Dokumente zur Geschichte und Gegenwart eines Phänomens, München: R. Piper 1994, S. 237.

16 Carl von Linné: Systema Naturae (1766)

Die Amerikaner haben eine rote Haut, ein galliges oder cholerisches Temperament und eine gerade Statur. Die Haare sind schwarz, gerade und dick. Die Nasenlöcher weit, das Gesicht voller Sommersprossen, ein fast glattes Kinn. Sie sind hartnäckig, fröhlich, lieben die Freiheit; sie gehen meistens nackend, bemalen sich mit roten Strichen und lassen sich durch alte Gewohnheiten beherrschen. Die Europäer haben eine weiße Haut, ein blutreiches und sanguinisches Temperament und einen fleischigen Körper. Die Haare sind gelblich mit Locken, die Augen blau, die Gemütsart wankelmütig; vernünftig und zu Erfindungen geschickt. Sie tragen Kleider, welche dicht an den Leib schließen, und lassen sich durch Gesetze regieren. Die Asier haben eine braune Haut, ein schwarzgalliges oder melancholisches Temperament und eine zähe Struktur. Ihre Haare sind schwarz, die Augen sind grau, die Gemütsart ist streng; sie lieben Pracht, Hoffahrt und Geld, ihre Kleider hängen weit um den Leib, und sie lassen sich durch Meinungen regieren. Die Afrikaner endlich haben eine schwarze Haut, dabei aber ein wässeriges oder melancholisches Temperament; die Haare sind wollig, schwarz und kraus. Die Haut ist sanft wie Samt, die Nase platt, die Lippen dick und aufgeworfen. Ihre Weiber haben lange niederhängende Brüste. Die Gemütsart ist boshaft, faul, nachlässig. Sie beschmieren sich mit Fett und werden durch Willkür regiert.

Aus: Dorothea Weidinger [Hg.]: Nation – Nationalismus – Nationale Identität [Schriftenreihe der Bundeszentrale für politische Bildung, Bd. 392], Leck: Claussen & Bosse Verlag 2002, S. 67.

17 Nouvelle et parfaite grammaire royale française et allemande (Neue und vollständige Königliche Französische Grammatik, Leipzig 1753)

Art und Kennzeichen der Franzosen, Deutschen, Italiener, Spanier und Engländer.

1. In Gebräuchen: Der Franzose ist höflich. Der Deutsche aufrichtig. Der Italiener manierlich. Der Spanier höhnisch. Der Engländer hochmütig.
2. Vom Leibe: Der Franzose ist hurtig. Der Deutsche groß und wohlgestalt. Der Italiener mittelmäßig. Der Spanier klein. Der Engländer ansehnlich.
3. In der Kleidung: Der Franzose bringt was Neues auf. Der Deutsche äfft nach. Der Italiener ist knauserig. Der Spanier räthlich. Der Engländer prächtig.
4. In der Kost: Der Franzose isst leckerhaftig. Der Deutsche köstlich. Der Italiener mäßig. Der Spanier sparsam. Der Engländer vertunlich.
5. Am Gemüte: Der Franzose scherzet gern. Der Deutsche ist gesprächig. Der Italiener willfährig. Der Spanier ernsthaft. Der Engländer veränderlich.
6. In der Schönheit: Der Franzose ist schön. Der Deutsche gibt ihm nichts nach. Der Italiener ist weder schön noch hässlich. Der Spanier ist etwas ungestalt. Der Engländer kommt den Engeln gleich.
7. In Ratschlägen: Der Franzose ist geschwind. Der Deutsche standhaftig und scharfsinnig. Der Italiener tiefsinnig. Der Spanier behutsam. Der Engländer verwegen.
8. Im Schreiben: Der Franzose redet wohl und schreibet besser. Der Deutsche gibt ihm nichts nach. Der Italiener gründlich. Der Spanier wenig, aber gut. Der Engländer gelehrt.
9. In Wissenschaften: Der Franzose weiß von jedem etwas. Der Deutsche ist Meister. Der Italiener gelehrt. Der Spanier gründlich. Der Engländer ein guter Philosoph.
10. In der Religion: Der Franzose ist eifrig. Der Deutsche ist gottesfürchtig. Der Italiener liebt Zeremonien. Der Spanier ist abergläubisch. Der Engländer ist andächtig.
11. In Unternehmungen: Der Franzose ist mutig. Der Deutsche wie ein Adler. Der Italiener wie ein Fuchs. Der Spanier tapfer. Der Engländer wie ein Löwe.
12. Im Dienstleisten: Der Franzose macht Komplimente. Der Deutsche ist getreu. Der Italiener ist ehrerbietig. Der Spanier ist untertänig. Der Engländer ist knechtisch.
13. Im Ehestande: Der Franzose ist frei. Der Deutsche ist Herr. Der Italiener ein Kerkermeister. Der Spanier ein Tyrann. Der Engländer ein Knecht.
14. Die Weiber: In Frankreich sind sie prächtig. In Deutschland häuslich. In Italien gefangen und böse. In Spanien Sklaven und verliebt. In England Königinnen und unbändig.
15. Im Reden: Der Franzose singt. Der Deutsche röchelt. Der Italiener zischt. Der Spanier redet im Gewicht. Der Engländer heult.

Aus: Dorothea Weidinger [Hg.]: Nation – Nationalismus – Nationale Identität [Schriftenreihe der Bundeszentrale für politische Bildung, Bd. 392], Leck: Claussen & Bosse Verlag 2002, S. 67 f.

2 Der Weg zur polnischen Nation 1772-1918

2.1 Von der Teilung bis zum 1. Weltkrieg

Die polnische Adelsrepublik

Als am 1. Juli 1569 mit der so genannten Union von Lublin die Vereinigung des Königreichs Polen mit dem Großherzogtum Litauen beschlossen wurde, war mit einem Schlag ein riesiges, in natürliche Konkurrenz zum östlichen Nachbarn Russland tretendes Doppelreich von über 800 000 km² Gebiet entstanden, das zwar einen gemeinsamen Reichstag und ein einheitliches Münzwesen besaß, ansonsten aber getrennte Verwaltungen, Heere und Gesetze hatte und ethnisch so vielfältig war wie kein anderer Staat der Zeit. Dieser territoriale Koloss war der geeignete Rahmen für den sehr selbstbewussten polnischen Adel, seine Machtstellung gegenüber dem Königtum so weitgehend auszubauen, dass man von einer Adelsrepublik spricht. Dabei war der Adel mit einem im europäischen Vergleich überdurchschnittlich hohen Anteil von acht Prozent an der Gesamtbevölkerung außerordentlich stark vertreten; er umfasste freilich nicht nur die Latifundienmagnaten und Reichen, sondern auch die große Masse verarmten Bauernadels, der sich in seiner Lebensweise von den einfachen Bauern auf dem Lande kaum unterschied, dennoch aber von den wohlhabenden Standesgenossen als letztlich gleichwertig und zu einer geschlossenen Kulturschicht gehörig angesehen wurde.

Das Recht der Königswahl hatte zunächst der Reichstag *(sejm)* inne. Seit 1573 jedoch erfolgte die Königswahl *viritim*, das heißt direkt durch den gesamten polnisch-litauischen Adel – ein Privileg, das der stolze polnische Adel als die Bestätigung seines eigenen Standesbewusstseins empfand. Zusätzlich verabschiedete der Reichstag die *Articuli Henriciani*, in denen anlässlich

1 Zeitgenössische Karikatur auf Polens erste Teilung 1772. Die Szene ist erfunden: Katharina II. von Russland (links), der deutsche Kaiser Joseph II. (3. von links) und Friedrich II. von Preußen (ganz rechts) zeigen auf der Landkarte auf die von ihnen beanspruchten Gebiete Polens. 2. von links der polnische König Stanislaus II. August. Kupferstich von N. Lemire, 1773.

2

2 Der Sejm verabschiedet die Verfassung vom Mai 1791. Gemälde von Kazimierz Wojniakowski, 1806, 123,5 cm x 179 cm. Das Gemälde entstand im Auftrag des Sejmmarschalls Stanislaw Malachowski für den Senatssaal im königlichen Schloss in Warschau.

der Königswahl Heinrichs von Valois 1573 die ständischen Privilegien festgehalten waren und die damit eine Art Verfassung für die Adelsrepublik darstellten. Kein Königskandidat konnte künftighin die vom polnischen Adel beanspruchten Rechte mehr ignorieren, und überhaupt nahm der König in dieser Gesellschaft den Platz eines in seiner Macht vielfach eingeschränkten *primus inter pares* ein. Gewählt werden konnte prinzipiell jeder Adelige, faktisch aber spielten dynastische Aspekte durchaus eine bedeutende Rolle, sodass die polnische Krone immer wieder Zankapfel der polnischen ebenso wie der europäischen Politik war und das Land in lang anhaltende Krisen gestürzt wurde. Diese Krisen stellten neben vielen anderen Faktoren – Funktionsdefekten in der Verfassung, chronischer militärischer Unterlegenheit und Reformverweigerung des Adels – einen Grund für die Herausbildung einer gewissen Rückständigkeit Polens dar, die das Doppelreich mit den aufgeklärten, straff organisierten westeuropäischen Staaten einerseits und einem immer mächtiger werdenden Zarenreich im Osten anderseits nicht mithalten ließ. Am Ende der Epoche schließlich nahm Polen nicht mehr als eigenständiger Akteur an der europäischen Politik teil, sondern war zunehmend Spielball vor allem dreier Mächte geworden: Russlands, Österreichs und Preußens.

Die polnischen Teilungen

Bereits die Wahl des letzten Königs Stanisław II. August Poniatowski im Jahre 1764 war Ausdruck dieser Abhängigkeit und von Zarin Katharina II. lanciert worden, die dennoch die Reformversuche Stanisławs untergrub und innenpolitischen Widerstand dagegen schürte. Ein 1768 ausbrechender russisch-osmanischer Krieg, der für das Zarenreich sehr erfolgreich verlief und Gebietsgewinne im europäischen Südosten erhoffen ließ, gleichzeitig aber territoriale Kompensationen für Preußen und Österreich erforderlich machte, stellte schließlich den Hintergrund dar für die Erste Polnische Teilung, die 1772 erfolgte: In dieser ersten Teilung annektierte Russland das polnische Livland und die weißrussischen Gebiete bis zur Düna, Preußen das Ermland, Teile des nördlichen Großpolens und das „königliche Preußen" ohne die Städte Danzig und Thorn und Österreich das kleinpolnische „Königreich Galizien und Lodomerien" südlich der Weichsel ohne Krakau sowie Wolhynien, Podolien und Rotrussland. Diese erste Teilung, die das Land eines Drittels seiner Fläche und seiner Bevölkerung beraubte, löste in der polnischen Öffentlichkeit einen enormen Schock aus und führte dazu, dass das von Stanisław II. August Poniatowski und seinen wettinischen Vorgängern initiierte Reformprogramm wiederaufgenommen wurde und unter anderem am 3. Mai 1791 in die Verabschiedung der ersten geschriebenen, den Grundzügen der europäischen Aufklärung verpflichteten Verfassung Europas mündete. Danach war Polen eine konstitutionelle Monarchie mit einer dynastisch auf das Haus der Wettiner festgelegten Erbfolge, um die Auseinandersetzungen um die Krone, wie sie in der Vergangenheit stattgefunden hatten, zu vermeiden. Im Reichstag sollte künftig nach dem Mehrheitsprinzip entschieden werden, nachdem bisher durch das *liberum veto* bereits einem einzigen adeligen Vertreter die Möglichkeit weitreichender Obstruktion offengestanden hatte. Eine Gewaltenteilung in Legislative, Judikative und Exekutive sowie die Gewährleistung bäuerlicher Rechtssicherheit gegenüber den adeligen Herren stellten weitere Errungenschaften der polnischen Verfassung vom Mai 1791 dar. In mittelbarer Reaktion auf den Reformeifer, den die Erste Polnische Teilung ausgelöst hatte, folgte 1793 ein neues Teilungsunternehmen, diesmal nur zwischen Russland und Preußen: Russland erhielt nun ganz Weißrussland, alle ukrainischen Gebiete, große Teile Litauens und Kurland, während Preußen sich das 1772 ausgesparte und mächtige Danzig, Thorn sowie Teile Großpolens und Masowiens einverleibte. Der Aufstand, den Teile des Adels und eine große Zahl polnischer Bauern unter dem erfahrenen General Tadeusz Kościuszko aufgrund der Zweiten Polnischen Teilung unternahmen, stellte schließlich die Rechtfertigung für eine vollständige Liquidierung des polnischen Rumpfstaates durch einen neuen Teilungsvertrag dar: Mit dieser Dritten Polnischen Teilung zerstückelten Österreich, Russland und Preußen 1795 das restliche Polen entlang der Flüsse Bug, Memel und Pilica und besiegelten damit den Finis Poloniae, das Ende Polens, das 1797 auch völkerrechtlich festgestellt wurde. Vor allem das Jahr der letzten Teilung stellte schon im Bewusstsein der Zeitgenossen eine tiefe Zäsur dar, denn für die folgenden 123 Jahre, bis 1918, sollte den Polen ein eigener und selbstbestimmter Nationalstaat versagt bleiben. Dies wog insofern umso schwerer, als gerade das ausgehende 18. Jahrhundert den Beginn des Aufbruchs ganz Europas in ein „Zeitalter der Nationalstaaten" markiert und es sogar „verspäteten" Ländern wie Italien oder Deutschland in der zweiten Hälfte des 19. Jahrhunderts gelingen sollte, zu einem souveränen und geeinten Nationalstaat zu gelangen.

Emigrantenorganisationen und „polnische Legionen"
Hoffnungsträger für viele Polen in ihrem Streben nach einer Revision des *Finis Poloniae* waren zunächst das revolutionäre Frankreich und insbesondere Napoleon Bonaparte, der die Befreiung Polens in Aussicht gestellt hatte. Auf diplomatischer Ebene entstanden so unmittelbar nach der Dritten Polnischen Teilung Emigrantenorganisationen in Paris – die gemäßigte, adelig geprägte „Agentur" auf der einen und die radikale, sich auf die Verfassung vom 3. Mai 1791 berufende „Deputation" auf der anderen Seite, die beide enge Kontakte in die polnischen Teilungsgebiete unterhielten und jeweils für sich beanspruchten, für ganz Polen zu sprechen. Auf militärischer Ebene erfolgte seit 1797 die Aufstellung mehrerer Legionen im Dienst Napoleons, der zunächst als Oberbefehlshaber in Italien operierte. Diese so genannten „polnischen Legionen", die sich aus zahlreichen freiwilligen Polen und Kriegsgefangenen aus dem österreichischen Teilungsgebiet zusammensetzten, wuchsen schnell auf eine Stärke von insgesamt etwa 30 000 Mann an. Für die Legion unter dem Kommando des Generals Jan Henryk Dąbrowski dichtete der politisch einflussreiche Schriftsteller Józef Wybicki das Marschlied mit dem Refrain „Noch ist Polen nicht verloren", aus dem 1918 die polnische Nationalhymne wurde. Als Teilnehmer an verschiedenen Feldzügen Napoleons erbrachten die polnischen Soldaten zwar einen sehr hohen Blutzoll, vermochten es aber nicht, für ihre Sache einen nennenswerten Fortschritt zu erreichen. Wenigstens aber hatten sie sich durch spektakuläre militärische Einsätze als „die mutigen Polen" in Frankreich und in ganz Europa einen Ruf erworben und auf ihr Anliegen aufmerksam gemacht, und bei den Polen selbst trugen die oft breit ausgeschmückten Geschichten von den polnischen Heldentaten trotz aller Ermangelung einer nationalen Staatlichkeit zum Aufbau eines nationalen Bewusstseins bei.
Ein zweites Pferd, auf das viele Polen in ihrem Wunsch nach Revision der staatlichen Auflösung setzten, hielt die Teilungsmacht Russland bereit: Dort war der mächtige polnische Adelige Adam Jerzy Czartoryski zum Freund Zar Alexanders I. aufgestiegen und bekleidete von 1804 bis 1806 – einmalig in Europa – sogar das Amt des Außenministers. Seine Pläne zur Wiederherstellung eines antipreußisch ausgerichteten Polen unter der Herrschaft der Romanovs scheiterten jedoch, als Russland die Zusammenarbeit mit Preußen erneuerte.

Das „Herzogtum Warschau" (1807–1813)
Im Zuge seines Krieges gegen Preußen und Sachsen stellte Napoleon erneut polnische Truppen, die so genannte „Nordische Legion", auf, ließ unter dem Eindruck seines Sieges bei Jena und Auerstädt von Dąbrowski und Wybicki einen Aufstand in den preußisch besetzten Departements Posen und Kalisch entfachen und marschierte nach Warschau, das er besetzte. Der Friedensschluss von Tilsit vom 7. Juli 1807 indes, der unter anderem die Errichtung eines neuen polnischen Staates regelte, war für den polnischen Adel eine bittere Enttäuschung: Geschaffen wurde eine Minimallösung in der Gestalt eines als „Herzogtum Warschau" bezeichneten Gebildes von zunächst gerade einmal 100 000 km^2 Umfang und etwa zweieinhalb Millionen Einwohnern, dem Napoleon eine zentralistische Verfassung diktierte, die für den Sejm als Legislativorgan kaum Wirkungsmöglichkeiten bereithielt und das Land nach französischem Muster in Departements aufteilte. Der neue Souverän, der ganz im Geiste der Verfassung von 1791 aus dem Hause Wettin stammen musste, war eine Marionette Napoleons, verfügte aber über das Recht zur Gesetzesinitiative und über die Exekutive und hatte damit eine zentrale Position inne. Das Rechtssystem beruhte auf dem 1808 eingeführten *Code Napoléon*. Immerhin lagen in dem neuen „Herzogtum Warschau" die traditionsreichen Städte Posen, Warschau und später auch Krakau und immerhin konnte es als Forum für die Pflege und Wiederaufnahme polnischen Traditionsgutes dienen, sodass einige Polen den neuen Staat pragmatisch als „Arbeitsgrundlage", als Kern für ein künftiges, umfassenderes Polen betrachteten. Die große Mehrheit und vor allem der Adel indes lehnten das Herzogtum aufgrund der vielen politischen, sozialen und vor allem wirtschaftlichen Probleme, die sich in den Jahren bis 1813 immer mehr zuspitzten, rundheraus ab, zumal alle Hoffnungen auf Erweiterung und Unabhängigkeit immer wieder zunichte wurden. Dass diese Hoffnungen aber bestanden, stellte für Napoleon die Grundlage dafür dar, sich der Bereitschaft zahlreicher Polen, für ihn zu kämpfen, erneut zu versichern. Im Zusammenhang mit der Vorbereitung des Russlandfeldzugs setzte sich die Ausbeutung des „Herzogtums Warschau" durch Napoleon daher fort: Als der „Kaiser der Franzosen" 1812 in Russland einmarschierte, enthielt seine Armee auch über 70 000 auf verschiedene Einheiten verteilte polnische Soldaten, die ihrem Feldherrn mit großem Enthusiasmus zu folgen bereit waren. Auch der polnische Sejm war in seiner Zusammenkunft vom 26. Juni 1812 zum Forum nationaler Parolen und großer Kriegsbegeisterung geworden. Als die „grande armée" in Russland scheiterte und ihr in der Völkerschlacht bei Leipzig eine zweite katastrophale Niederlage zugefügt wurde, waren die polnischen Truppenteile fast vollständig aufgerieben und hatte sich das Herzogtum so eng mit dem Schicksal Napoleons verbunden, dass dessen Untergang zwangsläufig auch den Untergang des polnisch-napoleonischen Vasallenstaates nach sich ziehen musste.

Die „polnische Frage" auf dem Wiener Kongress
Die Bemühungen Zar Alexanders I., das Gebiet des „Herzogtums Warschau" mit den anderen ursprünglich polnischen Territorien zu einem neuen Königreich unter russischer Herrschaft zusammenzufügen, stießen vor allem auf den Widerstand Englands, das sich mit einem so umfangreichen Machtzuwachs Russlands nicht abfinden wollte. Langwierige Verhandlungen waren die Folge, deren Ergebnis schließlich eine „Vierte Teilung" Polens war, die die von Alexander I. genährten Hoffnungen auf die Wiedererrichtung eines gesamtpolnischen Staates aufs Neue

3 Stanisław Kostka Potocki. Gemälde von Jaques Louis David, 1781.

enttäuschte. Die Wiener Schlussakte vom 9. Juni 1815 verfügte, dass alle Teilungsmächte ihre Erwerbungen von 1772 grundsätzlich behalten und aus den Westgebieten des alten „Herzogtums Warschau" das Preußen unterstehende „Großherzogtum Posen" werden sollte. Westpreußen, das Ermland und Danzig verleibte sich Preußen als neue Provinzen ein. Aus Krakau wurde eine Freie Stadtrepublik, die gleichwohl unter der Kontrolle der drei Teilungsmächte stand. Die wichtigste Regelung betraf die Errichtung eines „Königreichs Polen" – des so genannten „Kongresspolen" – als des Nachfolgestaates des napoleonischen Herzogtums, dessen König in Personalunion mit seinem Zarentitel Alexander I. war. Alle drei Teilungsmächte garantierten den ungehinderten Waren- und Reiseverkehr über die innerpolnischen Grenzen hinweg und sicherten zu, die gedachte Einheit der polnischen Nation durch Selbstverwaltung und Gewährung kultureller Autonomie zu erhalten – eine Absichtserklärung, die in paradoxem Widerspruch stand zu dem Produkt, das der Wiener Kongress letztlich hervorgebracht hatte: Polen war nun in sechs Teilgebiete mit völlig unterschiedlicher Rechtsstellung aufgespaltet – neben dem „Königreich Polen", dem „Großherzogtum Posen" und der „Republik Krakau" waren dies das seit 1772 mit Österreich verbundene „Königreich Galizien und Lodomerien", die mit Preußen vereinigten Provinzen Westpreußen und Ermland einschließlich Danzigs sowie die von Russland direkt annektierten „Westgouvernements" Grodno, Kowno, Wilna, Minsk, Witebsk, Wolhynien, Podolien und Kiew. Das Zarenreich hatte damit über 80% des 1569 begründeten polnischen Doppelreiches übernommen.

Das „Königreich Polen"

Gegenüber dem „Herzogtum Warschau" war die territoriale Festschreibung „Kongresspolens" auf dem Wiener Kongress deutlich sparsamer ausgefallen – und dennoch gab der neue Staat aus verschiedenen Gründen Anlass zu der Hoffnung, Zentrum ungehinderten polnischen Lebens und darüber hinaus sogar Ausgangspunkt einer schrittweise vorzunehmenden Grenzerweiterung vor allem im Osten zu werden. Die Proklamation des Königreiches erfolgte am 20. Juli 1815; wenige Monate später erließ Alexander I. eine neue Verfassung, die wesentlich freiheitlicher geprägt zu sein schien als diejenige, die Napoleon für das „Herzogtum Warschau" festgelegt hatte: Dem Königreich wurden unabhängig von der Zwangsvereinigung mit Russland, dessen Zar nun gleichzeitig auch den polnischen König stellte und als solcher die Außenpolitik des Landes verfügte, eigene Institutionen, eine eigene, polnisch besetzte Verwaltung und eine ebenso polnisch besetzte Regierung zugestanden. Auch bürgerliche Freiheiten wie die Meinungsfreiheit, die Religionsfreiheit, der Schutz des Eigentums oder der Schutz vor willkürlicher Verhaftung waren gewährleistet – wobei Alexander I. allen Grundsätzen der Aufklärung zum Trotz klar machte, dass er sich als den Spender der Verfassung betrachtete und entgegen dem Eid, den er auf sie geschworen hatte, über ihr stand. Überhaupt hatte der russische Zar bei aller Sympathie für die Polen dafür gesorgt, die Zügel letztlich in der Hand zu behalten: Mit Józef Zajączek hatte er ungeachtet der polnischen Hoffnungen auf den charismatischen Fürsten Czartoryski einen Statthalter eingesetzt, der zwar einerseits Pole war, sich aber andererseits zu einem treuen Gefolgsmann des Zarenreiches entwickelt hatte, und zur zusätzlichen Kontrolle hatte er mit Nikolaj Novosilćev einen „Kommissar beim Staatsrat" installiert, der in der Verfassung erst gar nicht vorgesehen war. Den größten Konfliktstoff aber barg der Oberbefehl über die grundsätzlich eigenständige und 35 000 Soldaten starke polnische Armee, den Alexander 1816 dem zwar mit einer Polin verheirateten, aber sprunghaften und herrschsüchtigen und daher sehr bald verhassten Großfürsten Konstantin, seinem eigenen Bruder, übertrug. Die Situation spitzte sich zu, als Konstantin nach dem Tode Zajączeks im Jahre 1826 faktisch die Rolle des Statthalters einnahm.

Unter dem aufgeklärten Kultusminister Stanisław Kostka Potocki (1755–1821) erlebte „Kongresspolen" einen zeitlich begrenzten kulturellen Aufschwung – Volksschulen wurden gegründet, in denen man den Einfluss der Kirche zurückzudrängen bemüht war, in Kielce wurden Hochschulen für Bergbau und Forstwirtschaft eingerichtet und in der Hauptstadt Warschau kam es 1816 zur Gründung einer Universität. Diese positive kulturelle Entwicklung wurde gestützt durch deutliche wirtschaftliche Verbesserungen in dem ansonsten kaum industrialisierten Land, die vor allem Textilzentren wie Łódź zu einer Blüte führten.

Vor dem Hintergrund des Umstandes, dass er dem Königreich Polen ohnehin schon Freiheiten gewährt hatte, die der eigenen russischen Bevölkerung versagt geblieben waren, konnte Alexander I. es nicht verstehen, dass es in dem neu geschaffenen Staat immer noch eine nennenswerte Opposition gegen seine und seiner Vertreter Polenpolitik gab, die sich sowohl offen artikulierte als auch von Freimauer- und Geheimgesellschaften im Verborgenen gepflegt wurde. Seine Angst vor einem Ausufern liberalistisch-oppositioneller Bestrebungen führte zu einem rigiden Vorgehen gegen harmlose geheimbündlerische Aktivitäten, was die revolutionäre Bereitschaft im Königreich ungeachtet des anfänglichen Ausgleichskurses Nikolaus' I., des Bruders und Nachfolgers Alexanders I., weiter anwachsen und im November 1830 in einen Aufstand umschlagen ließ.

Der „Novemberaufstand“ und seine Folgen

Träger des „Novemberaufstandes“ waren zunächst junge Verschwörer der Warschauer Fähnrichschule um Piotr Wysocki und Józef Zaliwski, die sich nach dem Vorbild der Julirevolution in Paris und der erfolgreichen Revolutionen in Griechenland und Belgien eine Befreiung Polens von den russischen Besatzern zum Ziel gesetzt hatten. Doch war der Aufstand nicht nur schlecht vorbereitet, er wurde auch chaotisch durchgeführt: Verunsichert durch Teilmobilisierungen in Russland und wilde Gerüchte über die Gründe dafür, legten die Aufständischen in der Nacht des 29. November 1830 los, nahmen überstürzt und unkoordiniert den Amtssitz des Großfürsten Konstantin in Warschau ein und griffen an einzelnen Orten der Stadt russische Soldaten und polnische Offiziere, die sich einem Anschluss widersetzten, an. Konstantin jedoch gelang die Flucht und der Rückzug mit einigen seiner Truppen aus Warschau. In der Folge radikalisierte sich die Stimmung in Polen, und auch die mäßigenden Bemühungen des selbst ernannten Diktators Józef Chłopicki sowie Adam Jerzy Czartoryskis konnten eine Verschärfung der Situation nicht mehr verhindern. Als der Sejm am 25. Januar 1831 die Dynastie der Romanovs formal entthronte, war der Weg der Verständigung endgültig versperrt.
Der polnisch-russische Krieg, der sich in Reaktion auf die Erhebung und die Absetzung Nikolaus' entzündete, war nach einigen schweren militärischen Zusammenstößen wie etwa der Schlacht bei Grochów spätestens mit der polnischen Niederlage bei Ostrołęka am 26. Mai 1831 zugunsten der russischen Seite entschieden.
Die Resonanz des Polenaufstandes vor allem in Deutschland und Frankreich war enorm, und die Liberalen Europas gingen sofort daran, den Freiheitskampf der polnischen Kämpfer romantisierend zu verklären – im Ergebnis aber hatten die Polen erneut hohen Blutzoll entrichtet, ohne Veränderungen in ihrem Sinne erreicht zu haben. Im Gegenteil: Die Verfassung wurde von Nikolaus I. 1832 durch ein „Organisches Statut“ ersetzt, das die Sonderstellung Polens zunächst noch aufrecht erhielt, nach einer Partisanenaktion Józef Zaliwskis aber bereits 1833 seinerseits zugunsten des permanenten und bis 1856 andauernden Ausnahmezustands außer Kraft gesetzt wurde. General Ivan Paskevič regierte das Land als Statthalter mit strenger Hand und ließ jene Zitadelle im Norden Warschaus errichten, die den Polen zum allgegenwärtigen Symbol der Fremdherrschaft wurde. Am Aufstand beteiligte Gutsherren verloren ihren Besitz, Universitäten und höhere Schulen wurden geschlossen, eine umfassende Russifizierung des Landes blieb aber vorerst noch aus.

„Große Emigration“ und deutsche Polenbegeisterung

Als abzusehen war, dass der „Novemberaufstand“ nicht mehr gelingen konnte, flohen viele seiner Führer und Teilnehmer – insgesamt etwa 9000 Menschen – auf dem Weg über Deutschland nach Frankreich und insbesondere

4 Portrait des Großfürsten Konstantin zu Pferde. Erste Hälfte 19. Jh.

nach Paris, das zur „zweiten Hauptstadt des Polentums“, in der wichtige polnische Organisationen und zahlreiche Kulturschaffende ihren Sitz nahmen, wurde. Der Begriff der „Großen Emigration“ bezieht sich daher nicht so sehr auf den quantitativen Umfang der Auswanderung, als vielmehr auf die Bedeutung einzelner Emigranten, unter denen sich namhafte Schriftsteller wie Adam Mickiewicz, Juliusz Słowacki, der Komponist Frédéric Chopin oder der Historiker Joachim Lelewel befanden. Die Werke, die die Emigranten in den Jahren nach 1830 hervorbrachten – etwa Mickiewicz' Nationalepos „Pan Tadeusz“ – legen Zeugnis ab von dem glühenden Nationalismus, mit dem sie die polnische Sache verfolgten. Im Schutz des Exils bildeten sich gleichzeitig aber auch Realitätsferne und eine Neigung zur Selbstüberschätzung aus, wie sie sich etwa in dem Versuch, die Polen zur Vorhut der nach Freiheit ringenden Völker Europas zu stilisieren, widerspiegelt. Die Parole „Für unsere und euere Freiheit kämpfen wir!“ ist Ausdruck dieses Versuchs.
Die Gegensätze innerhalb der Revolutionäre bestanden freilich auch im Exil fort: Dem konservativen Lager der „Weißen“ unter der Führung des noch immer mächtigen und an vielen Höfen Europas einflussreichen Czartoryski standen die republikanischen Demokraten gegenüber, deren politisches Spektrum verschiedene Richtungen – von der gemäßigten Grundhaltung Lelewels bis zur radikal-sozialrevolutionären Einstellung Tadeusz Krępowieckis – umfasste und deren Anhänger an – vergeblichen – revolutionären Erhebungen in ganz Europa und insbesondere in Polen beteiligt waren. Auch am Sturm auf die Frankfurter Hauptwache im April 1833 nahmen polnische Demokraten teil.
Im Zusammenhang mit dem gescheiterten „Novemberaufstand“ und der sich anschließenden Emigration beteiligter Polen steigerte sich die Sympathie, die den Polen in Europa und insbesondere in Deutschland entgegengebracht wurde, zu einer ausgemachten „Polenbegeis-

5 „Finis Poloniae 1831" (Abschied der Polen vom Vaterland 1831). Gemälde von Dietrich Monten, 1832 (44,2 cm x 54,4 cm).

terung": Überall dort in Süddeutschland, wo Polen auf ihrem Weg nach Frankreich auftauchten, wurden sie von deutschen Liberalen gefeiert, freundlich aufgenommen und oft großzügig versorgt. Auf dem Hambacher Fest im Mai 1832 hisste man zum Zeichen der Völkersolidarität auch die polnische Fahne und ließ polnische Redner auftreten, die die Menge mit begeistertem Applaus bedachte. Auf dieser Woge der Polenbegeisterung entstand eine Flut an Gedichten und Liedern unter anderem von Franz Grillparzer, Georg Herwegh, August von Platen und Ludwig Uhland, die beredtes Zeugnis ablegen von der Schwärmerei der deutschen Zeitgenossen für die polnischen Emigranten und von der Heroisierung der Polen. Namhafte Kritiker dieser Polenschwärmerei waren Heinrich Heine und der ausgesprochen xenophobe Ernst Moritz Arndt.

Das „Königreich Galizien und Lodomerien", die „Republik Krakau" und der Aufstand von 1846

Das „Königreich Galizien und Lodomerien" hatte seinen Gouverneurssitz und auch einen Landtag in Lemberg, wurde aber vor allem durch nichtpolnische Beamte verwaltet und war sehr weitgehend dem österreichischen Einfluss ausgesetzt. Trotz einer Universität und trotz umfangreicher Freiheiten für die zu fast gleichen Teilen aus Polen und Ukrainern bestehende Bevölkerung war das Königreich wirtschaftlich und kulturell unterentwickelt. Nach dem „Novemberaufstand" waren zahlreiche Flüchtlinge und Geheimbündler hierher gekommen und hatten damit begonnen, ihre patriotischen Ideen zu verbreiten und konspirative Netzwerke aufzubauen. Dem entsprechend stieg die Zahl der in Galizien agierenden Gesellschaften unmittelbar nach 1830 stark an. Ihr politisches Feld beschränkte sich allerdings nicht mehr nur ausschließlich auf den Kampf für ein letztlich wiedervereinigtes Polen, sondern war auch sozial- und hier wiederum agrarpolitischer Natur, nachdem das österreichische Teilungsgebiet sowohl industriell als auch agrarisch zu einem der rückständigsten polnischen Gebiete überhaupt geworden war. 1840 löste die österreichische Regierung die oppositionellen Gruppen in einer konzertierten Aktion auf, womit das kleine Königreich als Zentrum konspirativer Aktivitäten der polnischen Widerstandskämpfer in den Hintergrund rückte.

Anders verhielt es sich mit der „Republik Krakau", die aufgrund ihrer urbanen Prägung bereits vor dem „Novemberaufstand" ein Sammelbecken nationaler Kräfte gewesen war, obwohl hier eine konservativ-adelige Oberschicht mit Unterstützung der Teilungsmächte ein unangefochtenes Regiment gegen eine bürgerliche Opposition führte. Mit dem Ausbruch der Erhebung gegen Russland übernahm diese bürgerliche Bewegung die Kontrolle in der Stadtrepublik und beschloss, die zahlreichen Revolutionäre, die entweder in Krakau oder im „Königreich Polen" aktiv geworden waren, zu unterstützen. Die Reaktion auf diese Politik folgte prompt: Russische Truppen besetzten die Republik, die Verfassung von 1815 wurde durch die Installierung dreier „Residenten" im Sinne einer direkten Kontrolle durch die Teilungsmächte geändert, und anlässlich einer neuerlichen Besetzung im Jahre 1836 wurden die Pressefreiheit und die republikeigene Miliz abgeschafft. Dennoch konnte die „Republik Krakau" als Pflanzstätte für konspirative Vereinigungen bestehen bleiben – eine Annexion durch Österreich, die das Kaiserreich sehr gerne gesehen hätte, blieb vorerst aus.

Dieser Umstand war die Grundlage für neue revolutionäre Aktivitäten. Diesmal allerdings trat ein Defizit des nationalen Befreiungskampfes, so wie er bisher zumeist geführt worden war, offen zutage: Vor allem demokratische Oppositionelle hatten seit langem gefordert, die unteren Volksschichten und das Bauerntum in den ursprünglich elitär verstandenen und in der ersten Hälfte des 19. Jahrhunderts lediglich auf das Bürgertum ausgeweiteten Begriff der Nation mit einzubeziehen und eine entsprechende Identifikationsbereitschaft dieses in nationalen Belangen weitgehend gleichgültig gebliebenen Bevölkerungsteiles zu erstreben. Dass

6 Durchzug der Polen in Leipzig. Kupferstich nach einer Zeichnung von Charles Melankiewicz ca. 1832/33.

schließlich besonders die ukrainischen Bauern in Galizien unter ihrer Abhängigkeit von einem polnisch dominierten Gutsherrenstand litten, erzeugte zusätzlichen Konfliktstoff, der sich 1846 entlud.
Ursprünglich von der Emigration und im Besonderen der „Demokratischen Gesellschaft" als alle Teilungsgebiete umfassende Aktion geplant, kam es 1846 aufgrund organisatorischer Defizite und rechtzeitigen Einschreitens durch die Teilungsmächte lediglich in der „Republik Krakau" und dem Westen des „Königreiches Galizien und Lodomerien" zu einer Erhebung, die in großen Teilen problemlos von österreichischen Truppen niedergeschlagen wurde. Von österreichischen Beamten aufgehetzt, unterstützten sie dabei vorwiegend ukrainische Bauern, die etwa 500 polnische Herrenhöfe plünderten und ihre Besitzer ermordeten – eine pogromartige Ausschreitung, die zu einer nachhaltigen Entfremdung zwischen galizischem Adel und Bauerntum führen musste. Auch in Krakau, wo die Aufständischen vorübergehend erfolgreich gewesen waren und eine Nationalregierung aufgestellt hatten, konnte den österreichischen und russischen Truppen kein ernstzunehmender Widerstand entgegengebracht werden. Am 16. November 1846 wurde die „Republik Krakau" als Kreis in das Kaiserreich Österreich eingegliedert und hatte damit seine Eigenständigkeit auch nominell eingebüßt. Neues Zentrum umstürzlerischer Aktivitäten wurde nun das „Großherzogtum Posen". Das „Krakauer Manifest" jedoch, das die Revolutionäre am 22. Februar 1846 erlassen hatten und in dem eine vollständige Bauernbefreiung angekündigt worden war, war insofern für die polnische Nationalbewegung von Bedeutung, als in ihm zum ersten Mal die nationale Frage durch ihre ausdrückliche und öffentliche Verknüpfung mit der sozialen Frage ihres elitären Charakters verlustig gegangen war.

Das „Großherzogtum Posen" und der Aufstand von 1848
Das preußische Teilungsgebiet bestand aus der großteils deutsch besiedelten Provinz Westpreußen, die nur bis 1824 eine selbstständige Einheit darstellte und dann mit Ostpreußen zur „Provinz Preußen" vereinigt wurde, und dem „Großherzogtum Posen", das mit Gnesen und Posen über zwei wichtige Städte verfügte. Im Großherzogtum fungierte neben einem Oberpräsidenten der durch seine Ehe mit dem preußischen Königshaus verbundene polnische Hochadelige Fürst Anton Radziwiłł als Statthalter – ein zwar unpolitischer, aber ausgesprochen kunstsinniger und verständigungsbereiter Mensch. Der politische Kurs, den die Preußen in dem Großherzogtum verfolgten, zielte zunächst nicht darauf ab, die hier lebenden Polen zu germanisieren oder auch nur für Preußen zu gewinnen, sodass lange eine Situation relativer Friedlichkeit bestand. Dies änderte sich mit dem „Novemberaufstand" von 1830 im „Königreich Polen": Aus dem Großherzogtum reisten nun viele Adelige ins Königreich zur Unterstützung der Aufständischen. Dass auch Radziwiłłs Bruder darunter war, führte zur Suspendierung des Statthalters und zur Kassation seines Amtes nach seinem Tod im Jahre 1833. Mit der Ernennung von Eduard von Flottwell zum Oberpräsidenten begann nun eine neue Ära in der preußischen Politik gegenüber dem „Großherzogtum Posen", die sich durch einen deutlich aggressiveren Kurs gegenüber den Polen im Lande und durch eine bewusste Stärkung des Deutschtums auszeichnete: Dem polnischen Landadel wurde das Recht abgesprochen, die Landräte aus den eigenen Reihen zu stellen, Deutsch wurde zur offiziellen Amtssprache und weitere Germanisierungsmaßnahmen folgten.
Nach dem Ende der „Ära Flottwell" 1841 änderten die Preußen ihre politische Linie erneut und gaben sich unter Friedrich Wilhelm IV. versöhnungsbereit: Die Revolutionäre des „Novemberaufstandes" wurden amnestiert, der schulische Unterricht hatte in der Muttersprache zu erfolgen und die Lehrer des Großherzogtums mussten zweisprachig sein. Die weitgehenden Freiheiten, die den Polen nunmehr zugestanden wurden, führten zu einer geistigen und kulturellen Blüte, sodass das „Großherzogtum Posen" zunehmend die Funktion „Kongresspolens" als Zentrum konspirativer Aktivitäten vor 1830 übernahm. Die revolutionären Unruhen des Jahres 1848 erfassten dennoch auch das Großherzogtum und besonders die Stadt Posen, wo sich ein revolutionäres Nationalkomitee bildete, das die Forderung nach einer Auto-

nomie des Großherzogtums und nach einer Aufstellung polnischer Truppenverbände erhob. Tatsächlich sagte Friedrich Wilhelm IV. wenige Tage nach der Entstehung des Komitees die „nationale Reorganisation" des Landes zu, was aber antideutsche und antijüdische Ausschreitungen in einigen östlichen Kreisen nicht mehr verhindern konnte. Als in Reaktion darauf eine antipolnisch ausgerichtete deutsche Gegenbewegung im Westen der Provinz entstand und der Belagerungszustand erklärt werden musste, verfügte Friedrich Wilhelm IV. schließlich eine Teilung des Großherzogtums, dessen Westteil mit Posen zum Deutschen Bund gehören sollte. Gerade aber Posen hatte sich für die polnische Oppositionsbewegung zum Symbol polnischen Selbstbewusstseins innerhalb des preußischen Teilungsgebiets entwickelt, sodass es zu blutigen Auseinandersetzungen kam, die nach einigen Tagen von den preußischen Truppen niedergeschlagen wurden. Die große Polendebatte in der Frankfurter Paulskirche vom Juli 1848, in die sich beispielweise der Abgeordnete Wilhelm Jordan mit einer Reihe antipolnischer Stereotypen einschaltete, machte deutlich, wie sehr sich der eigentlich politische Konflikt im „Großherzogtum Posen" zu einem ethnischen Antagonismus zwischen Deutschen und Polen gewandelt hatte. Auch im preußischen Abgeordnetenhaus waren zahlreiche Stimmen eines beginnenden Nationalitätenkampfes zu hören. Am Ende wurde das Großherzogtum nicht geteilt, sondern als einfache preußische „Provinz Posen" ohne Sonderstatus regiert.

Die Polen und das Revolutionsjahr 1848

Trotz der polnischen Beteiligung an den vor allem in der nationalen Historiographie emphatisierend als „Völkerfrühling" bezeichneten Vorgängen der Revolutionen von 1848 ließ das Interesse an der „polnischen Frage" vor allem in Deutschland und überhaupt in ganz Europa mehr und mehr nach. Parallel dazu gingen die Polen nach den zahlreichen Negativerfahrungen mit gewaltsamen Aufständen allmählich dazu über, eine pragmatisch orientierte Politik der kleinen Schritte zur langsamen, aber aufgrund der Kooperation mit den Teilungsmächten nachhaltigen Verbesserung der politischen und sozialen Verhältnisse zu verfolgen. Spätestens der Aufstand von 1863/64 gegen Russland stellte den Anlass für eine grundsätzliche Strategieänderung eines immer bürgerlicher geprägten polnischen Volkes dar. Die Politik der kleinen Schritte und der Anpassung an die Gegebenheiten zeitigte freilich auch eine noch stärkere Auseinanderentwicklung der einzelnen Teilgebiete, als dies bislang der Fall gewesen war.

Zunächst aber machten polnische Kämpfer im Revolutionsjahr 1848 als „Sturmvögel der Revolution", wie sie in der Öffentlichkeit und von den eigenen Landsleuten heroisierend apostrophiert wurden, von sich reden: An nahezu jeder revolutionären Front in Europa mischten sie mit, und mit Józef Bem in Wien, Adam Mickiewicz in Rom, Ludwik Mierosławski in Baden und Józef Wysocki in Ungarn waren wieder altgediente Revolutionäre aufgetaucht, die sich ihrer Sache teilweise schon seit Jahrzehnten verschrieben hatten und auch von den Enttäuschungen der Vergangenheit nicht abzuschrecken waren. In Ungarn, wo Wysocki zum Führer einer 3000 Mann starken Legion und Henryk Dembinski sowie Bem sogar zu Oberbefehlshabern avancierten, war das polnische Engagement, das später zu einer Art Waffenbrüderschaft zwischen den beiden letzten Adelsnationen in Europa stilisiert wurde, besonders stark. Neben dem Forum der erneut misslingenden Revolutionen der Jahre 1848 und 1849 erbrachte schließlich der im Juni 1848 in Prag stattfindende „Slavenkongress" unter dem Vorsitz des tschechischen Nationalisten František Palacký noch einmal die Gelegenheit, in einem Manifest „an die Völker Europas" an die Regierungen zur Wiederherstellung Polens zu appellieren, doch machte der Kongress in der europäischen Öffentlichkeit eher einen negativen und reaktionären Eindruck, als dass er dem Anliegen der nach einem eigenen Nationalstaat strebenden Völker nennenswerten Nutzen verschafft hätte.

Neben dem „Großherzogtum Posen" fand die revolutionäre Stimmung auch in Galizien ihren Widerhall, wo die bemerkenswert rasche Beseitigung des „Systems Metternich" tiefen Eindruck gemacht und zur Bildung lokaler Nationalräte und Nationalgarden in Krakau und Lemberg geführt hatte. Eine in Lemberg verfasste und binnen kürzester Zeit von Tausenden von Menschen unterzeichnete Petition an den österreichischen Kaiser forderte ein Mehr an polnischer Eigenständigkeit. In dieser Situation münzte der österreichische Gouverneur Franz Graf Stadion die Forderungen der Revolutionäre prestigebringend um, indem er auf eigene Faust Reformen wie die Befreiung der Bauern von ihrer Pflicht zum Herrendienst, die Aufhebung der Pressezensur, die Entlassung politischer Gefangener und die Aufstellung einer Nationalgarde durchführte, die er sich nachträglich vom Kaiser absegnen ließ. Versuche der Aufständischen, die Macht in Krakau und Lemberg direkt zu übernehmen, scheiterten am Widerstand der österreichischen Truppen. Mit Graf Agenor Goluchowski wurde Stadion von einem Generalgouverneur mit dem Titel eines Statthalters beerbt, der in Galizien intensiv für eine Politik der konservativen Zusammenarbeit mit Wien bei einem gleichzeitigen Ausbau der galizischen Sonderstellung warb, wozu vor allem die Vertreter der bäuerlichen Schichten bereit waren, während der polnische Adel weitgehend in antiösterreichischer Opposition verharrte. Die tiefgreifende Entfremdung zwischen galizischen Bauern und galizischem Adel, die im Zusammenhang mit den Vorgängen von 1846 bereits überdeutlich zum Ausdruck gekommen war, wurde auf diese Weise erneut offenkundig.

Das russische Teilungsgebiet, die „polnische Frage" im Krimkrieg und der „Januaraufstand" von 1863/64

Während im „Königreich Polen" auch unter der strengen Ägide Ivan Paskevičs keine systematischen Russifizierungsmaßnahmen durchgeführt wurden, bemühte man sich von russischer Seite darum, die acht annektierten „Westgouvernements" auch ethnisch dem Zarenreich anzugleichen. Dies führte vor allem in den fünf nördlichen, polnisch geprägten Gouvernements zu Repressalien gegenüber dem polnischen Adel und zur Verdrängung der polnischen Sprache aus allen Bereichen des öffentlichen Lebens.

Zum Ärgernis für Russland wurde der polnische Nationalismus erst wieder, als die polnische Emigration unter dem noch immer aktiven Czartoryski im Zusammenhang mit dem Krimkrieg die Chance witterte, in einer Allianz mit den Westmächten gegen das um Machtausweitung im Schwarzmeerraum bemühte Zarenreich eine Wiederherstellung des Status von 1830 herbeizuführen.

Polnische Soldaten beteiligten sich daher auf Seiten der Westmächte und der Türkei an den Kämpfen gegen Russland, wobei sich innerhalb der Polen sehr schnell eine Konkurrenz zwischen den „Aristokraten" Czartoryskis einerseits und den „Demokraten" unter Wysocki und Mierosławski auf der anderen Seite entwickelte, die sich verschärfte, als Czartoryski von Napoleon III. zum offiziellen Sprecher der Polen bei den Westmächten erklärt wurde. Als jedoch der Frieden mit Russland ausgehandelt wurde, blieb westliches Engagement für eine Wiederherstellung der Sonderstellung des „Königreichs" aus. Wieder war ein auch nur partieller Fortschritt in der polnischen Angelegenheit nicht erreicht worden.
Und dennoch: Zumindest für das „Königreich" war ein solcher mit dem Ende der „Ära Paskevič" 1856 und dem Herrschaftsantritt Zar Alexanders II. plötzlich wieder zum Greifen nahe. Alexander initiierte verschiedene Reformmaßnahmen, amnestierte politische Gefangene, setzte den im Vergleich zu Paskevič deutlich milderen Fürsten Michail Gorčakov als neuen Statthalter ein und beendete nach über 20 Jahren den Ausnahmezustand, der 1833 verhängt worden war. Die Besetzung führender Positionen mit Polen, die Einrichtung einer medizinischen Akademie in Warschau und die Gründung einer als eine Art Ersatzparlament fungierenden landwirtschaftlichen Gesellschaft komplettierten das Gefühl des Beginns einer freiheitlicheren Ära in der Geschichte des Königreichs, und auch der wirtschaftliche Aufschwung, der besonders im an Einwohnern stetig zunehmenden Warschau fassbar war, hatte vor allem auf die Jugend eine stimulierende Wirkung. In dieser Atmosphäre bildete sich ein recht breites politisches Spektrum aus, das Vertreter einer kooperativen Politik wie den Grafen Alexander Wielopolski ebenso umfasste wie die Gruppe kämpferischer, aber nicht gewaltsam-revolutionärer Patrioten um den Grafen Andrzej Zamoyski und die radikalen „Roten", die ungeachtet der Erfahrungen aus der Vergangenheit und in Anlehnung an das Vorbild der italienischen Einigung eine Politik des Ausgleichs und der Kompromisse als schädlich empfanden und an dem Rezept des bewaffneten Aufstands festhielten. Seit 1860 initiierten die radikaldemokratischen „Roten" daher provozierende Kundgebungen, bei denen es im Februar 1861 zu Ausschreitungen mit Toten kam. Von Alexander II. eigentlich nur zum Direktor des wiedererrichteten Departements für Unterricht und Kultus ernannt, wurde Wielopolski aufgrund des plötzlichen Todes Gorčakovs und der Desorientiertheit von dessen Nachfolger, des Grafen Lamberg, zur entscheidenden politischen Persönlichkeit. Dass Wielopolski eine Menge an Zugeständnissen erreichte, wurde vor dem Hintergrund gewaltsamer Ausschreitungen und der Verhängung des Kriegsrechts von der zunehmend fanatisierten Bevölkerung, die Wielopolski als einen Handlanger des Zaren und aufgrund seines arroganten Auftretens ablehnte, nicht mehr registriert. Auch ein deutliches Umschwenken in der Politik des Zaren ab Sommer 1862, das letztlich – wenn man vom Fehlen einer eigenen polnischen Armee und einer eigenen Landesvertretung absieht – die Zustände von 1830 wiederherstellte, konnte die fortschreitende Radikalisierung auch in Kreisen zuvor noch Gemäßigter nicht abbremsen. Als Wielopolski schließlich für Januar 1863 eine Militäraushebung ankündigte, schlugen die Verschwörer unkoordiniert und ohne ausreichende Vorplanungen gegen eine übermächtige russische Armee los. Die revolutionäre „Nationalregierung" war gezwungen, im Lande umherzureisen, nachdem die Einnahme Warschaus nicht gelungen war. Der Aufstand entwickelte sich zu einer internationalen Angelegenheit, als Großbritannien, Frankreich und Österreich von Russland die Wiederherstellung des Königreichs nach den Beschlüssen des Wiener Kongresses verlangten und es in Paris, London, Turin und Brüssel zu propolnischen Massenkundgebungen kam, auf denen so prominente Redner wie Karl Marx, Victor Hugo und Giuseppe Garibaldi auftraten. An eine militärische Intervention zugunsten der Aufständischen war dennoch nicht zu denken, zumal Russland sich zuvor in der „Alvensleben'schen Konvention", wonach die Truppen beider Seiten die Grenzen des Vertragspartners zur Verfolgung von Revolutionären kurzfristig überschreiten durften, der preußischen Solidarität versichert hatte. Bei der Unterdrückung der Erhebung erwarben sich der neue Statthalter General Friedrich von Berg im Königreich und der bald mit dem Beinamen „der Henker" bedeutungsvoll bezeichnete Generalgouverneur Michail Murav'ev durch ihre Rigorosität und Grausamkeit einen zweifelhaften Ruf. Den oppositionellen Polen erbrachte die neuerliche Erfahrung der Niederlage neben einer zusätzlichen Enttäuschung durch die Westmächte endgültig die Erkenntnis, dass der gewaltsame Weg vor allem gegen eine Großmacht wie das Zarenreich unweigerlich in die Sackgasse führte. Das Konzept der gewaltfreien „organischen Arbeit", das auf Reformen in Wirtschaft und Bildung und auf kleine Schritte in die Richtung der staatlichen Einheit statt auf Revolutionen setzte, entstand.

Die „polnische Frage" bis zum Ausbruch des Ersten Weltkriegs – das russische Teilungsgebiet

Die britisch-französisch-österreichische Forderung nach einer Wiederherstellung des Status von 1815 war die letzte internationale Aktion in der polnischen Angelegenheit bis 1914 gewesen. Fortan wurde die „polnische Frage" mehr und mehr zur inneren Angelegenheit der Teilungsmächte, die in ihren Teilgebieten eine denkbar unterschiedliche Politik an den Tag legten: Russland ging in Reaktion auf den „Januaraufstand" vor allem in den fünf nördlichen „Westgouvernements" – aus diesem Gebiet kamen später mit Józef Piłsudski und Władysław Studnicki die fanatischsten Kämpfer gegen den Zarismus – im Sinne einer unberechenbaren Russifizierungspolitik ausgesprochen hart gegen den polnischen Adel und überhaupt gegen alles Polnische vor und schreckte auch vor Hinrichtungen und Deportationen nicht zurück. Das „Königreich Polen" sank in der politischen Terminologie zum in zehn „Weichselgouvernements" aufgeteilten „Weichselland" herab, verlor seine Verwaltungsinstanzen und wurde von Friedrich Graf Berg, nach dessen Tod 1874 man auch das Amt des Vizekönigs kassierte, willkürlich regiert. Polen wurden von der politischen Mitsprache ausgeschlossen, die mit dem Polentum in Verbindung gebrachte katholische Kirche schikaniert und Russisch zur alleinigen Verwaltungs- und Verkehrssprache erhoben. Trotz dieser rigiden Unterdrückungspolitik, die die Russen bis zum Weltkrieg beibehielten, konnte das Land sich wirtschaftlich recht gut entwickeln, blieb aber nach wie vor hinter westlichen Standards weit zurück.

7 **Allegorische Darstellung des geteilten Polen.** Ausschnitt aus einer patriotischen Postkarte, Krakau 1910.

Die „polnische Frage" bis zum Ausbruch des Ersten Weltkriegs – das preußische Teilungsgebiet

In der wirtschaftlich erfolgreichen preußischen „Provinz Posen" wurde vor allem unter dem strengen Regiment des Oberpräsidenten Eugen von Puttkammer die polnische Sprache durch Verfügungen aus allen Institutionen, dem Gerichtswesen und den höheren Lehranstalten verdrängt. Ziel der preußischen Politik war es, den umfangreiche Ländereien besitzenden polnischen Adel und den katholischen Klerus zu entmachten, die polnische Bauernschaft dagegen für den preußischen Staat zu gewinnen, was letztlich jedoch nicht gelang. Im Gegenteil: Den Germanisierungsbestrebungen versuchten zahlreiche polnische Organisationen wie der „Verein der Freunde der Wissenschaften" durch verschiedene Aktivitäten sowie eine national orientierte polnische Presse entgegenzuwirken. Als besonderes Sprachrohr der preußischen Polen gab es zudem den „Polnischen Klub", in dem sich die zwölf bis zwanzig polnischen Abgeordneten im preußischen Landtag und die im preußischen Herrenhaus vertretenen Polen versammelten. Die zunehmende nationale Polarisierung im Vorfeld der Reichsgründung führte schließlich dazu, dass die polnischen Vertreter in den Jahren 1866/67 gegen eine Einbeziehung Posens in einen ethnisch rein deutsch definierten und in keiner Weise multinational ausgerichteten Norddeutschen Bund massiv – und freilich vergeblich – protestierten. War es den preußischen Polen zur Zeit des Deutschen Bundes mit seinen dynastisch geprägten Einzelstaaten noch möglich gewesen, sich unter Hintanstellung ethnischer Gesichtspunkte und in Orientierung am Herrscherhaus immer wieder auch als „gute Preußen" zu fühlen, so waren sie in einem explizit als „deutsch" ausgewiesenen Nationalstaat vor die Entscheidung gestellt, entweder als Polen in einen strikten Antagonismus zu „den Deutschen" zu geraten oder sich unter Aufgabe ihres Polentums zu assimilieren.

Dennoch: Eine neue, weil nahezu systematische Qualität erreichte die preußische Polenpolitik erst nach 1871. Seit der Reichsgründung ging die preußische Regierung zunehmend dazu über, eine zielgerichtete Germanisierungspolitik zu betreiben, die durch den „Kulturkampf" Bismarcks gegen die katholische Kirche zugespitzt wurde und nicht mehr nur aus der umfassenden Verdrängung des Polnischen und einer antipolnischen Schulpolitik bestand, sondern darüber hinaus auch ein Subventionsprogramm zur Förderung deutscher Siedlungsentwicklung in der Provinz Posen und die Schikane durch zahllose Vorschriften umfasste. 1887 strich die preußische Regierung nach zahlreichen Einschränkungen in den Jahren zuvor das Fach Polnisch an den Schulen der Provinz ersatzlos. Bereits 1886 war als ökonomische Maßnahme gegen den nationalrenitenten polnischen Adel das preußische Ansiedlungsgesetz erlassen worden, wonach eine „Ansiedlungskommission" mit einem umfangreichen, vom preußischen Landtag zur Verfügung gestellten Fonds polnischen Grundbesitz aufkaufen und an deutsche Neusiedler verteilen sollte. Das Ansiedlungsgesetz verfehlte sein Ziel auf klägliche Art und Weise, weil verschuldete deutsche Großgrundbesitzer mit der Drohung, an „die Polen" zu verkaufen, die „Ansiedlungskommission" zu einem überteuerten Kauf ihrer Ländereien zwangen. Die Grundlage für diese so genannte „Ostmarkenpolitik" stellte die nationalistische Annahme dar, dem Polentum kulturell überlegen und damit zur Germanisierung berechtigt zu sein, und vor allem der Reichskanzler selbst war es, der ausgesprochen primitive antipolnische Ressentiments pflegte – im Zusammenhang mit dem Ansiedlungsgesetz sprach Bismarck beispielsweise von den „Trichinen des polnischen Adels" – und deshalb den widerständigen Polen mit dem Agrar- und dem Sprachenrecht als Waffen beizukommen versuchte.

Nach einer kurzen Phase der Entspannung während der Reichskanzlerschaft Georg Leo Graf von Caprivis (1890–1894) wurde die antipolnische Politik bis 1914 ungemindert fortgesetzt und wurden die Polen weiter zu Bürgern zweiter Klasse degradiert: Weil das Ansiedlungsgesetz gescheitert war und im Gegenteil polnischsprachige Landwirte immer mehr „deutsches" Land aufgekauft hatten, trat 1908 ein Enteignungsgesetz in Kraft, das es der preußischen Staatsregierung jederzeit gestattete, polnischen Landbesitz in Posen und Westpreußen in einem Umfang von bis zu 70 000 Hektar gegen Entschädigung zu enteignen – ein offener Bruch mit dem Gleichheitsgrundsatz der preußischen Verfassung, der mit der radikalnationalistischen Idee von der ethnisch homogenen Reichsnation gerechtfertigt wurde. Zu einer ersten Teilenteignung polnischer Landwirte kam es auf der Grundlage dieses Gesetzes 1912, was dem Reichskanzler Theobald von Bethmann Hollweg nicht nur polnisch-liberal-sozialdemokratische Empörung im Reichstag, sondern sogar ein – folgenloses – Tadelsvotum einbrachte. Vor Ort freilich nutzte solcher Protest wenig, im Gegenteil: Die preußischen Beamten in den „Ostprovinzen" konnten sich sogar über eine „Ostmarkenzulage" freuen, wenn sich die Germanisierung in ihrem Zuständigkeitsbereich besonders effektiv gestaltete. 1906 spitzte sich der polnische Widerstand gegen die Vorschrift der Deutschsprachigkeit im Religionsunterricht derart zu, dass es zu Schulstreiks von etwa 50 000 polnischen Schulkindern kam, die von den preußischen Behörden mit überzogener Härte – mit Schulverweisen, Gefängnisstrafen für Eltern und mit dem Entzug des Erziehungsrechts – geahndet wurden.

Die Gründung des „Alldeutschen Verbandes" und des ausgesprochen polenfeindlichen „Ostmarkenvereins" in den Jahren 1891 und 1894 – beide Verbände werden im Kapitel zum deutschen Nationalismus noch näher besprochen – legten auf Verbandsebene Zeugnis davon ab, wie tief der Polenhass und überhaupt die Ablehnung von Minderheiten in Teilen der Bevölkerung verwurzelt waren. Besonders in den Reihen der preußischen Eliten – bei Staatsbeamten, im Militär, innerhalb des Adels und bei vielen akademisch gebildeten Bürgern – hatte sich das Virus der Polenfeindlichkeit binnen weniger Jahrzehnte verbreitet, nachdem noch im Zusammenhang mit dem „Novemberaufstand" von 1830 auch in Preußen breiter Enthusiasmus für den polnischen Freiheitskampf geherrscht hatte. Dieser Entwicklung lagen Veränderungen zugrunde, die aus einem zunächst eher kosmopolitischen und philanthropischen Nationalismus einen aggressiven Reichsnationalismus gemacht hatten, der auf einer ethnisch homogenisierten Nation bestand und seine Homogenisierungsmaßnahmen mit Überlegenheitsideologemen rechtfertigte. Dass sich diese Selektion jedoch nicht nur entlang einer ethnischen Trennlinie vollzog, sondern beispielsweise auch entlang einer politischen oder einer konfessionellen und damit auch Sozialdemokraten und Katholiken betraf, ließ aus der Gruppe der aus Nation und Nationalstaat Ausgeschlossenen ein Heer werden, das sich durchaus auch gegen das nationale Konzept und seine Multiplikatoren wenden konnte. Die diskriminierte polnische Bevölkerung vertiefte daher in natürlicher Abwehrreaktion den Zusammenhalt untereinander, leistete effektiven Widerstand und ließ zumindest einen Teil der in legalistischer Perversion betriebenen preußischen Schikanemaßnahmen ins Leere laufen.

Die „polnische Frage" bis zum Ausbruch des Ersten Weltkriegs – das österreichische Teilungsgebiet

Einzig Galizien konnte in den sechziger Jahren seine politische Lage wesentlich verbessern. Ohnehin bestand hier auf Seiten der Polen aufgrund der mit dem österreichischen Volk gemeinsamen katholischen Prägung ein nationales Abgrenzungsbedürfnis nicht so sehr wie gegen das orthodoxe Russland oder das protestantische Preußen. Die Niederlage des Kaiserreichs im deutsch-deutschen Krieg von 1866 und sein Ausgleich mit Ungarn 1867 führten zudem dazu, dass Galizien unter Graf Agenor Gołuchowski, der seit 1866 wieder als Statthalter amtierte, praktisch einen autonomen Status erhielt und gegenüber den anderen Kronländern der Monarchie mit Ausnahme Ungarns eine Sonderposition einnahm. In der Folge wurden – zum Nachteil der zahlenmäßig in Galizien ebenfalls sehr starken Ukrainer – Verwaltung, Behörden sowie das Schul- und Universitätswesen polonisiert, ein polnischer Sonderminister für Galizien mit Sitz in Wien installiert und 1872 eine Akademie der Wissenschaften in Krakau begründet. Von der kulturellen und geistigen Blüte abgesehen, die diese Maßnahmen in Galizien zeitigten, gelang es dem österreichischen Kaiser auf diese Weise, die Treue nun auch des galizischen Adels für sich zu gewinnen. Aus ökonomischer Sicht jedoch wurde Galizien zum europäischen Armenhaus.

Gesellschaft, Wirtschaft und Kultur in Polen bis 1914

Unter diesen von Teilungsgebiet zu Teilungsgebiet völlig unterschiedlichen Vorzeichen vollzog sich die Entwicklung der Polen zu einer „modernen Nation" – allerdings in anderer Ausprägung, als sie für das 19. Jahrhundert eigentlich typisch ist: Noch immer war das Land, wenn man von den Industrialisierungsschüben im ehemaligen Königreich um die Zentren Warschau, Białystok und Łódź absieht, industriell unterentwickelt und hatte kaum eine Arbeiterschaft als eigene soziale Gruppe hervorgebracht, sodass vor allem die längst überfällige und 1864 schließlich auch von der russischen Teilungsmacht durchgeführte Agrarreform Ausdruck eines gewissen Fortschritts war. Nach der Befreiung der Bauern von ihren Verpflichtungen gegenüber einem Gutsherren war indes nur in Preußen ein konkurrenzfähiges Klein- und Mittelbauerntum entstanden, während in den übrigen Teilungsgebieten eine Entwicklung hin zu Kleinstbetrieben einsetzte, die nicht dauerhaft überlebensfähig waren. In der Kombination mit einer demographischen Explosion führte dies zur Auswanderung von mehr als einer Million polnischer Arbeitskräfte im Zeitraum zwischen 1870 und 1914. Aufgrund der agrarischen und kaum urbanen Prägung des Landes war zudem noch immer der ausgesprochen heterogene polnische Adel tonangebend, sodass ein städtisch definiertes Bürgertum, wie es das soziale Gefüge in den westeuropäischen Ländern kennzeichnete, kaum Entwicklungschancen hatte. Dem Hochadel schließlich war es im Gegensatz zum zunehmend deklassierten Kleinadel vielfach gelungen, seine Privilegien zu wahren, und nicht selten machten Angehörige einflussreicher polnischer Familien wie der Radziwiłłs, der Czartoryskis oder der Potockis eine ansehnliche Karriere am Hof einer Teilungsmacht.

Um die Jahrhundertwende wurden in Polen neue Wege beschritten: In kultureller und künstlerischer Hinsicht brach man mit dem stets auch provinziell anmutenden, der „polnischen Frage" verpflichteten Traditionalismus des 19. Jahrhunderts und ließ sich stattdessen von der europäischen Avantgarde und ihren neuen Ideen beeinflussen. Auch in der Politik waren eine Öffnung und eine nicht mehr nur national definierte Auffächerung des Denkens zu beobachten, die es ermöglichten, sich der sozialen Frage und internationalen politischen Angelegenheiten zuzuwenden. Der alte pathetische Dualismus zwischen Reformern und Revolutionären schien in dieser Perspektive nicht mehr zeitgemäß zu sein; vielmehr kam es zu einer Ausdifferenzierung des politischen Spektrums in Polen sowie zu einer Verschiebung des politischen Gewichts zugunsten der unteren Volksschichten und weg vom Adel – eine Entwicklung, die schließlich in die Bildung von Parteien mündete. Im Wesentlichen standen sich dabei die 1892 gegründete „Polnische Sozialistische Partei" Józef Piłsudskis, die sich die Wiedererlangung nationaler Eigenstaatlichkeit unter demokratischen und polyethnischen Vorzeichen zum Ziel setzte, und die „Nationaldemokratische Partei" Roman Dmowskis von 1897 gegenüber, die das polnische Nationalprogramm stark ethnozentrisch und dem entsprechend gegen Minderheiten im Lande gerichtet verstanden wissen wollte. Zu einem gemeinsamen Vorgehen konnten diese beiden großen Parteien auch wegen ihres Dissenses in der Frage, wie die staatliche Einheit zu erreichen sei, sich nicht durchringen; vielmehr kämpften ihre Anhänger teilweise sogar gegeneinander. Sozialistische Konkurrenz erwuchs der „Polnischen Sozialistischen Partei" von der internationalistisch ausgerichteten „Sozialdemokratie des Königreichs Polen und Litauens" unter der Führung von Rosa Luxemburg und Julian Marchlewski. Alle großen polnischen Parteien spiegelten aber aufgrund ihrer alle drei Teilungsgebiete umfassenden Organisationsstruktur gemeinsam eine Aufbruchstimmung in der Angelegenheit der „polnischen Frage" wider.

8 **Polnische Postkarte aus Anlass der Proklamation vom 5. November 1916.**

Erster Weltkrieg und Staatsgründung

Beim Ausbruch des Ersten Weltkriegs setzten polnische Politiker nun alles daran, diese Aufbruchstimmung und den Wiederaufstieg der Angelegenheit Polens zum internationalen Thema in reales politisches Kapital umzuwandeln. Piłsudski hatte bereits vor 1914 paramilitärische Einheiten für den Unabhängigkeitskampf in Galizien organisiert, wo nach Kriegsausbruch ein austropolnisches „Oberstes Nationalkomitee" gegründet wurde, das in dem von Dmowski in Warschau ins Leben gerufenen „Polnischen Nationalkomitee" sein Gegenstück fand. Während Dmowski eine Neugründung eines polnischen Staates „piastischer" Prägung mit dem Schwerpunkt in West- und Zentralpolen favorisierte, den er sich als ethnisch geschlossen und antideutsch bzw. prorussisch orientiert dachte, verfolgte Piłsudski seine „jagiellonische" Idee eines neuen Polen, das föderalistisch und ethnisch heterogen sein und in seiner deutschlandfreundlichen Außenpolitik auf Konfrontationskurs gegenüber Russland gehen sollte. Diesem „jagiellonischen" Konzept entsprechend, versuchte Piłsudski am 6. August 1914, dem Tag der Kriegserklärung Österreich-Ungarns an Russland, vor den Augen der Weltöffentlichkeit werbewirksam vollendete Tatsachen zu schaffen, und marschierte mit seinen Verbänden in „Kongresspolen" ein, während Dmowski noch tags darauf seine Loyalität gegenüber dem Zarenreich erklärte. Bis heute ist die Rolle der beiden Konkurrenten Piłsudski und Dmowski ein Streitpunkt in der Diskussion um das kollektive Geschichtsbewusstsein der Polen.

Während des Krieges wurde Polen zum Zankapfel der drei Teilungsmächte, die polnische Politiker mit verschiedenen Angeboten zur Neuerrichtung eines eigenen Nationalstaates umwarben. In ihren Armeen kämpften nicht weniger als 1,5 Millionen polnische Soldaten. Im Sommer 1915 schließlich besetzten die Truppen der verbündeten Mittelmächte das Gebiet des alten „Kongresspolen" und errichteten zwei getrennte Gouvernements mit den Zentren Warschau und Lublin. Am 5. November 1916 ließen die beiden Kaiser des Deutschen Reiches und Österreich-Ungarns ein „Königreich Polen" proklamieren, ohne die endgültigen Grenzen und den institutionellen Rahmen festzulegen. Einig war man sich lediglich darin, dass das neue Königreich eine Erbmonarchie und ein eigenes Heer besitzen, dabei aber eng an die Mittelmächte angelehnt sein sollte. Bei alledem wurde aber sehr schnell deutlich, dass es den Schöpfern des neuen polnischen Staates vielmehr um militärische Unterstützung als um eine Eigenständigkeit Polens ging, die sie hintertrieben. Dies führte zum Bruch der Mittelmächte mit ihrem natürlichen Verbündeten Piłsudski und verstärkte die von außen unternommenen Initiativen zur Erlangung der polnischen Unabhängigkeit wie beispielsweise die Gründung eines „Polnischen Nationalkomitees" in Lausanne durch Dmowski. Einen wirklich effektiven Entwicklungsschub stellte jedoch vor allem die Beseitigung des zaristischen Systems in Russland im Jahre 1917 dar: Mit dieser innenpolitischen Umwälzung im Osten entfiel für die Westmächte die Notwendigkeit einer besonderen Rücksichtnahme auf russische Bedürfnisse, sodass sie einer Wiedererrichtung Polens nach dem gewonnenen Weltkrieg zuzustimmen bereit waren. In seinem 14-Punkte-Progamm vom Januar 1918 konkretisierte der amerikanische Präsident Woodrow Wilson dieses Vorhaben: Darin forderte er die Schaffung eines freien polnischen Staates mit Meereszugang, die kurz darauf erklärtermaßen alliiertes Kriegsziel wurde. Wenig später erkannte auch die neue russische Regierung das Recht der Polen auf Unabhängigkeit an. Der Friede von Brest-Litowsk, in dem Russland gegenüber den Mittelmächten unter anderem auch auf Polen verzichten musste, stellte lediglich ein retardierendes Element in einer Entwicklung dar, deren Verlauf seit dem Kriegseintritt der USA abzusehen gewesen war. Einige Tage nachdem die deutsche Regierung den Amerikanern ein Waffenstillstandsangebot auf der Basis der 14 Punkte unterbreitet hatte, kam es in Polen schließlich zum Durchbruch: Am 7. Oktober 1918 wurde ein unabhängiges Polen mit eigener Regierung und Volksvertretung proklamiert; die deutsche Besatzungsherrschaft brach zusammen. Als Piłsudski am 10. November in Warschau eintraf, unterstellten die polnische Armee und die verschiedenen polnischen Streitkräfte sich seinem Kommando. Eine Verfassung erhielt die „Zweite Polnische Republik" am 17. März 1921. Polens „kurzes 20. Jahrhundert", das für die Polen gegenüber dem 19. Jahrhundert sogar noch ein Mehr an Gängelei, Gewalt und Demütigungen mit sich bringen sollte, hatte damit begonnen.

2.2 Polnischer Nationalismus

Nationalstaatliche Sehnsucht

Dass die Polen ausgerechnet in einer Zeit, in der ganz Europa den Weg zur Nationalstaatlichkeit zu gehen begann, ihre Eigenstaatlichkeit verloren und vor den zum Beutegut dreier Mächte verkommenen Trümmern des einst so stolzen polnisch-litauischen Doppelreiches standen, führte zu einer Art Teilungstrauma und in der Umkehrung zu einem nationalstaatlichen Komplex, die eine ganz besondere Ausprägung des polnischen Nationalismus zur Folge hatten: Fanatisch wie nirgendwo sonst in Europa sehnte man in den polnischen Gebieten und in der Emigration den Nationalstaat als eine Form der Vollendung der Nation herbei, und mit unerschöpflicher Beharrlichkeit wurde versucht, ihn mit Waffengewalt zu erkämpfen. So gesehen sind die zahlreichen Aufstände – darunter vor allem die größeren Erhebungen von 1806 gegen Preußen, der „Novemberaufstand" gegen Russland, der Aufstand von 1846 in Galizien, der Aufstand im „Revolutionsjahr" 1848 gegen die preußische Herrschaft in Posen sowie der „Januaraufstand" gegen Russland – und die Beteiligung an den Unruhen des Jahres 1848 in ganz Europa für sich bereits Ausweis nationalistischen Denkens, wie es für die Zeit typisch ist. Differenzierend allerdings ist anzumerken, dass sich die Intensität des nationalstaatlichen Wunsches vor allem seit dem Beginn der „organischen Arbeit" proportional zur Behandlung durch die Teilungsmächte verhielt: Dort, wo zahlreiche Freiheiten und eine relativ umfangreiche Autonomie gewährt wurden, bestand nach 1864 vielfach die Neigung, das Streben nach einem eigenen Nationalstaat vorerst zurückzustellen und sich der Verbesserung der konkret bestehenden Lebensbedingungen zuzuwenden – eine Tendenz, die besonders für das Galizien nach 1866 festzustellen ist.

Heterogenität des polnischen Nationsbegriffes

Der Komplex, der durch das völlige Fehlen eines Nationalstaats und die immer wieder offenkundig werdende Vergeblichkeit aller auf seine Errichtung abzielenden Versuche entstand, musste durch ein psychologisch wirksames Gegengewicht abgefedert werden – zumal in einer Zeit, in der ökonomische Krisen und gesellschaftliche Veränderungen zusätzliches Verunsicherungspotenzial in sich bargen. Dieses Gegengewicht stellte das Konstrukt von der eigenen und vor allem einzigartigen Nation dar, das seine Identifikationskraft für die Polen um so mehr erhöhen konnte, je größer der Bedarf nach einem Kompensat aufgrund der Hoffnungslosigkeit der äußeren Zustände war. Aber auch in der Ausgestaltung des Konstrukts einer polnischen Nation schlug der polnische Nationalismus einen Sonderweg ein, der besondere geschichtliche Bedingungen beachtete: Zum einen berücksichtigte er die ethnische Heterogenität, die das Königreich Polen und erst recht das polnisch-litauische Doppelreich kennzeichnete – neben den Polen umfasste die Monarchie Deutsche, Ukrainer, Litauer und mehrere andere Ethnien; noch im 18. Jahrhundert sprach die Hälfte der Bewohner des Doppelreiches nicht Polnisch. Dies führte dazu, dass sich in der Angelegenheit der Konstruktion einer polnischen Nation ein breites Spektrum politischer Meinungen ausbildete, deren Pole Roman Dmowskis xenophober und durch die Ausbildung ukrainischer, weißrussischer und litauischer Nationalbewegungen zusätzlich bekräftigter Ethnozentrismus auf der einen und Józef Piłsudskis polyethnischer Nationsbegriff auf der anderen Seite darstellten.

Elitäre Prägung des polnischen Nationsbegriffes

Zum anderen handelte es sich sehr lange um einen elitären Nationalismus, in dessen Gedankenwelt der Adel und nicht der Bauer Träger der Nation war. Hintergrund für diese Ausschlussdefinition der Nation war die Gesellschaftsstruktur der alten Adelsrepublik, die weit in die Zeit der Teilungen hinein wirkte. Im Vergleich zur gewöhnlichen abhängigen Bauernschaft hatte der etwa acht Prozent der Gesamtbevölkerung ausmachende polnische Adel sich stets als genetisch exklusiv empfunden und sogar von den Sarmaten abgeleitet, sodass seiner Stellung und seinem Selbstverständnis auch die totale Verarmung nichts anhaben konnte. Über die Bauern herrschten die adeligen Gutsbesitzer nahezu unumschränkt. Parallel zur Existenz der exklusiven adeligen Interpretation des Nationsbegriffes entwickelte sich eine demokratische, alle Schichten gleichermaßen einschließende Auffassung von der Nation, wie sie erstmals in der Verfassung vom 3. Mai 1791 artikuliert wurde. Die schmerzhafteste Quittung für das mangelnde Bemühen um eine Integration der unteren Volksschichten in die gedachte Nation stellten die Ausschreitungen galizischer Bauern gegen ihre Gutsherren während der Erhebung von 1846 in Galizien dar. Zu dieser Zeit allerdings war eine Auseinandersetzung um die rechte Vorstellung von der polnischen Nation bereits in vollem Gange: In der historischen Ideenwelt des Historikers Lelewel stellten die Bauern die Grundlage einer polnischen Urdemokratie dar, in der adelige Privilegien auch nur theoretischkonstruierter Art nichts zu suchen hatten, und auch der Dichter Juliusz Słowacki sah den Kristallisationspunkt der polnischen Nation mehr im „Volk" als im Adel. Als die Oper „Halka" von Stanisław Moniuszko, in der es um die Liebe zwischen einem jungen Adeligen und einem Bauernmädchen geht, 1858 in Warschau zur Aufführung kam, wurde sie vom Publikum begeistert gefeiert, nachdem die Uraufführung zehn Jahre zuvor noch zum Skandal geworden war.

Allein mit dem Eintrittsbillet in den abstrakten Raum der Nation freilich war der Bauernstand nicht aus seiner nationalen Lethargie zu reißen – der Versuch, ihn in die Nation zu integrieren, konnte ausschließlich mithilfe der zentralen Maßnahme der ökonomisch verträglichen Bauernbefreiung gelingen. Dem entspricht, dass das „Krakauer Manifest" vom 22. Februar 1846 eine vollständige Bauernbefreiung in Aussicht stellte in der Hoffnung, die so Begünstigten endlich für die nationale Sache zu gewinnen. Mit der Beteiligung der Bauern am „Januaraufstand" gegen Russland war dieser Prozess abgeschlossen: Die Nation, die in ihrem Selbstverständnis seit dem „Novemberaufstand" bereits das spärlich ausgebildete polnische Bürgertum für sich gewinnen konnte, umfasste nunmehr auch den Bauernstand und hatte mit der Aufgabe ihres elitären Charakters den Sprung in die neuzeitliche Modernität geschafft.

Religiös-katholische Prägung des polnischen Nationsbegriffes

Ein letztes Spezifikum des polnischen Nationalismus lässt sich ebenfalls von der langen Vorherrschaft einer

9 **Jan Sobieski händigt dem Domherrn Donhoff einen Brief an den Papst aus mit einer Nachricht vom Sieg bei Wien 1683.** Gemälde von Jan Matejko (1838-1893), ca. 1880.

adeligen Definition des Nationsbegriffs ableiten: die auffallend intensive katholische Prägung. Sie geht auf eine nahezu ausschließlich katholische Konfessionalisierung des polnischen Adels in der Frühen Neuzeit zurück und spiegelte sich beispielsweise in dem berühmten „Mischehenstreit" zwischen der preußischen Regierung und dem Erzbischof von Gnesen-Polen Marcin Dunin-Sulgustowski wider, in der das offensive Beharren auf einem klerikalkatholischen Standpunkt einem stellvertretenden Behauptungskampf des polnischen Nationalismus gleichkam: In einem Hirtenbrief vom 27. Februar 1837 ordnete der Geistliche entgegen den bisherigen Handhabungsmodalitäten bei konfessionellen Mischehen an, keine Trauungen mehr zu vollziehen, wenn die Eheleute sich nicht zur katholischen und damit faktisch polnischen Erziehung der Kinder verpflichten würden. Mit dieser Anordnung geriet der Erzbischof umgehend mit der preußischen Regierung in Konflikt, die eine Aberkennung der Bischofswürde erwirkte und Dunin-Sulgustowski vorübergehend sogar in der Festung Kolberg internieren ließ. Letztlich nutzte freilich auch diese Art der Disziplinierung nichts: Im Triumph kehrte Dunin-Sulgustowski 1840 wieder nach Posen zurück.

Funktionalisierung von Geschichte

Neben diesen ganz speziellen Aspekten weist der polnische Nationalismus zahlreiche Facetten auf, die ihn in eine Reihe mit den europäischen Nationalismen der Zeit stellen. An erster Stelle sind in diesem Zusammenhang die ideologisierende Umdeutung der eigenen Geschichte und die Konstruktion einer nationsspezifischen Historie überhaupt zu nennen. Diese Konstruktion konnte, wenn man von der Ausnahme des seit 1867 autonomen Galizien absieht, im besetzten Polen nicht durch den die Geschichtsdeutung der Teilungsmächte propagierenden schulischen Geschichtsunterricht vorgenommen werden und musste daher auf andere Medien der Mitteilung ausweichen. Dazu gehörten zahlreiche oft in der Illegalität erschienene Geschichtslehrbücher und historische Kalender unterschiedlichster Qualität. Eines der bekanntesten und am häufigsten aufgelegten Lehrwerke für Kinder waren die „Geschichtlichen Gesänge mit Noten und Zeichnungen" von Julian Ursyn Niemcewicz, die zahlreiche Verserzählungen zu herausragenden Persönlichkeiten und Ereignissen der polnischen Geschichte enthielten.
Daneben entwickelte sich freilich sehr bald eine Tradition der ernsthaften Auseinandersetzung mit der polnischen Geschichte, die in der zweiten Jahrhunderthälfte zur Blüte gelangte: die wissenschaftlich-quellenkritische Historiographie. Dem zentralen Problem der polnischen Nation gemäß beschäftigte sie sich vor allem mit den möglichen Gründen für den unbefriedigenden Status quo des 19. Jahrhunderts und spaltete sich dabei bald in mehrere Schulen auf, von denen die „pessimistische" Krakauer Schule und die „optimistische" Warschauer Schule die beiden wichtigsten sind. Wissenschaftliche Foren boten außerhalb der Universitäten auch gelehrte Vereine wie die in Warschau gegründete und wesentlich von ihrem langjährigen Vorsitzenden Stanisław Staszic geprägte „Gesellschaft der Wissenschaftsfreunde".

Nationale Feiern, Gedenktage und Kundgebungen

Für eine des Schreibens und Lesens zu einem hohen Prozentsatz unkundige Gesellschaft stellten Feiern und Gedenktage ein weiteres Medium zur Rezeption national eingefärbten historischen Gedankenguts dar.

10 Der Sieg des polnisch-litauischen Heeres über die Ritter des Deutschen Ordens in der Schlacht bei Grunwald/ Tannenberg von 1410. Ölgemälde von Jan Matejko (1838–1893), 1875–1878.

In ganz Polen, vor allem aber in Galizien, wurden die Gedenkfeiern zunehmend zu Massenveranstaltungen, auf denen der einzelne seinem Patriotismus Ausdruck verleihen und Kontakte knüpfen konnte. Eine der wichtigsten Gedenkfeiern war die Feier zum 500. Jahrestag der siegreichen Schlacht der Polen gegen die Deutschordensritter bei Grunwald (Tannenberg) am 15. Juli 1410, die in dem etwa 100 000 Einwohner zählenden Krakau abgehalten wurde und zu der 150 000 Teilnehmer anreisten. Während der Feierlichkeiten konnte man Souvenirs aller Art – Medaillen, Becher, Ansichtskarten – erwerben, die die Identifikation mit dem den Nationalstolz bestärkenden historischen Ereignis förderten. Ähnlich verhält es sich mit dem Gedenken an die Schlacht bei Wien am 12. September 1683, bei der der polnische König Jan III. Sobieski die Türken besiegte und damit Österreich zu Hilfe eilte: Der polnische Sieg wurde sehr bald zur Rettung des Abendlandes vor dem Untergang und Polen zum christlichen Bollwerk stilisiert, das Europa vor dem Absinken in die Barbarei bewahrt hat. Die Jubiläumsfeierlichkeiten zur 200. Wiederkehr des Jahrestages der Schlacht sollten dem übrigen Europa diese „Leistung“ vor Augen führen und fielen dem entsprechend umfangreich aus. In Galizien wurden sie an 146 Orten begangen und führten zur Errichtung von nahezu ebenso vielen Denkmälern; wiederum war Krakau das Zentrum der Feierlichkeiten. Auch die polnische Verfassung vom 3. Mai 1791 als die Insignie der polnischen Freiheit und Souveränität und der Kościuszko-Aufstand von 1794 als Symbol des heroischen (und im Falle der Schlacht bei Racławice vorübergehend erfolgreichen) Widerstands gegen Russland wurden 1891 und 1894 ausgedehnt und so öffentlichkeitswirksam es ging gefeiert. Eine andere, tendenziell aggressivere Möglichkeit, nationaler Gesinnung öffentlich Ausdruck zu verleihen, stellten neben den Gedenkfeiern öffentliche Kundgebungen und Protestveranstaltungen dar, wie es sie etwa im Vorfeld des „Januaraufstands“ gab, wo es in der Auseinandersetzung mit dem im Auftrag Zar Alexanders II. agierenden Alexander Wielopolski zu Ausschreitungen mit Toten kam.

Die Literatur als Medium zur Vermittlung polnischen Nationalstolzes

Die Literatur spielte für den Transport national verklärten Geschichtsbewusstseins ebenso eine entscheidende Rolle – am häufigsten wurden die Werke der drei wichtigsten polnischen Romantiker Adam Mickiewicz, Juliusz Słowacki und Zygmunt Krasiński und die Historienromane von Henryk Sienkiewicz gelesen; zentral sind neben diesen Galionsfiguren der polnischen Literatur des 19. Jahrhunderts einige neoromantische Schriftsteller der zweiten Jahrhunderthälfte wie Stanisław Wyspiański, Stefan Zeromski und Władysław Reymont. Henryk Sienkiewicz beispielsweise führt mit seinem 1900 erschienenen Roman „Die Kreuzritter“ vor, wie der Nationalismus historische Ereignisse nach den Bedürfnissen der Gegenwart uminterpretiert: Den Höhepunkt seines Werkes stellt die effektvoll ausgeschmückte Schlacht vom 15. Juli 1410 dar, in der ein spätmittelalterliches Polentum über die Ritter des Deutschen Ordens, die Sienkiewicz in deutlicher Anlehnung an die verhassten preußischen Behörden seiner Gegenwart zeichnet, obsiegt. Sienkiewicz, der für seinen Roman „Quo vadis“ 1905 den Nobelpreis erhielt, prägte mit seinem Gesamtwerk das historische Bewusstsein zahlreicher Generationen in Polen wie niemand sonst. Natürlich wurden auch dem Kościuszko-Aufstand beziehungsweise der Schlacht bei Racławice vom 4. April 1794 zahlreiche literarische Werke gewidmet – eines der populäreren ist das Drama „Kościuszko bei Racławice“ von Władysław L. Anczyk. Das bekannteste Beispiel für ein literarisches Zeugnis des polnischen Nationalismus im 19. Jahrhundert ist das Epos „Pan Tadeusz“ von Adam Mickiewicz, das 1834 erschien und bereits zwei Jahre später auch in deutscher Übersetzung vorlag. Unter veränderten literaturgeschichtlichen Vorzeichen entstand das Werk der neoromantischen Schriftsteller: Mit seinem Drama „Hochzeit“ schuf Stanisław Wyspiański eine Art nationales Mysterienspiel, und auch Stefan Zeromski betrieb nationale Identitätssuche, indem er sich mit historischen Themen aus der napoleonischen Zeit auseinandersetzte.

Die Kunst als Spiegel polnischen Nationalbewusstseins

Die plakativste Mythisierung und Konstruktion polnischer Geschichte jedoch ging von einer umfangreichen Historienmalerei aus, die nicht nur den Kunst- und Nationsbewussten in den Städten vorgeführt, sondern durch Postkarten und Abbildungen in Zeitschriften auch einer breiteren Bevölkerung zugänglich gemacht wurde. Die polnische Historienmalerei – ihr bekanntester Vertreter ist Jan Matejko – macht besonders deutlich, wie selektiv der nationalistische Zugriff auf Geschichte ist: Erhebungen gegen die Fremdherrschaft erfahren in dieser Geschichtssicht eine Umdeutung im Sinne eines heroischen Freiheitskampfes, einzelne Gestalten werden zu charismatischen Führern stilisiert und wichtige historische Abläufe findet der Betrachter eines Historienbildes oft in einen mythologischen Zusammenhang gebracht wieder. Das bekannteste Historiengemälde Polens ist das die bereits erwähnte Schlacht thematisierende „Panorama von Racławice", das 1894 in Lemberg anlässlich der Allgemeinen Landesausstellung feierlich enthüllt wurde, 120 Meter lang und 15 Meter hoch ist und von einer Gruppe junger Künstler um Jan Styka und Wojciech Kossak stammt. Neben der Schlacht vom 4. April 1794 taucht noch eine Handvoll anderer Themen als in der Malerei besonders beliebter historischer Beschäftigungsgegenstand auf – in der Forschung hat man in diesem Zusammenhang eine „Top Five" der am häufigsten dargestellten Ereignisse aus der polnischen Geschichte aufgestellt: Es ist dies zuerst die Verabschiedung der Verfassung vom 3. Mai 1791, dann die Schlacht bei Grunwald bzw. Tannenberg, an dritter Stelle der Kościuszko-Aufstand und hier wiederum besonders die Schlacht bei Racławice, dann die Schlacht bei Wien und zuletzt die Legende von Piast aus dem 9. Jahrhundert. Dass mit Piast auch auf die polnische Frühzeit zurückgegriffen wurde, ist kein Zufall: Besonders die vorhistorische Zeit des polnischen Volkes nämlich bildete die Grundlage für die Ausbildung von Sagen und Legenden, die nach den drei Teilungen und besonders von den Spätromantikern wieder aufgegriffen und mit nationalistischer Komponente neu kultiviert wurden. Dabei gelangten zwei Sagen zu besonderer Bekanntheit: diejenige von der schönen Königin Wanda, die sich vor der Zudringlichkeit eines deutschen Werbers durch einen Sprung in die Weichsel rettet, und eben die Sage von Piast, dem „Stammvater" der Polen und des Piastenhauses.

Die Sakralisierung der Nation und nationales Märtyrertum

Gerade die Piast-Legende enthält in beispielhafter Art und Weise einen weiteren Aspekt, der typisch ist für die Überhöhung der Nation durch den Nationalismus – die Neigung nämlich, vor allem die Anfänge des eigenen Volkes mythisch und regelrecht religiös zu verklären. So tauchen in der im 19. Jahrhundert wieder intensiv rezipierten und oft veränderten Sage um Piast zwei Wanderer auf, die nach ihrer Abweisung durch den arroganten Fürsten Popiel in dem bescheidenen Heim des bäuerlichen Handwerkers Piast gastfreundliche Aufnahme finden und sich später als Engel entpuppen. Aber auch die Helden im Freiheitskampf der Gegenwart konnten einer Sakralisierung anheimfallen, wie es beispielsweise bei Kościuszko, dem Sieger von Racławice, der Fall war. Bereits zu Lebzeiten zum Vorzeige-Nationalhelden erhoben, setzte nach seinem Tod 1817 eine durch die vielen für ihn in ganz Polen gehaltenen Messen begünstigte religiös geprägte Überhöhung ein, die ein Jahr später mit der feierlichen Überführung des Verstorbenen in die Kathedrale auf dem Krakauer Wawel einen ersten Höhepunkt fand. Den zweiten stellte die in den zwanziger Jahren des 19. Jahrhunderts erfolgte Errichtung des 34 Meter hohen Kościuszko-Hügels ebenfalls in Krakau dar, der sich zum Symbol für den polnischen Freiheitskampf und zum Wallfahrtsort zum Gedenken an den Helden entwickelte. Spätestens in der Mitte des 19. Jahrhunderts hatte der Kościuszko-Kult sich in allen Bevölkerungsschichten durchgesetzt, und nicht selten hing nun in polnischen Bauernstuben neben dem Kreuz oder neben einem Heiligenbild auch eine Abbildung des Freiheitskämpfers. 1897 fand das separat einbalsamierte Herz Kościuszkos als „heiligste nationale Reliquie" seine letzte Ruhe in einem extra zu diesem Zweck errichteten Mausoleum im Polnischen Nationalmuseum in Rapperswil in der Schweiz.

Dass sich besonders der polnische Nationalismus für eine Überhöhung charismatischer Unabhängigkeitskrieger anfällig zeigte, lässt sich erneut mit der besonderen Teilungssituation begründen. Sie bedingte es, dass man zur Ausbildung der Auffassung von einer besonderen Mission der polnischen Nation über die Grenzen ihres Territoriums hinaus überhaupt gar nicht erst in einem größeren Umfang gelangte, weil das Problem der Nationalstaatlichkeit in seiner Omnipräsenz weiter gehende nationalistische Ambitionen im Wesentlichen band und eine Konzentration auf einzelne Hoffnungsträger mit sich brachte. Lediglich die Inanspruchnahme einer Führerschaft unter den einen freiheitlichen Nationalstaat erstrebenden Völkern im Sinne der Parole „Für unsere und euere Freiheit kämpfen wir!" kann als eine Art nationales Missionsbedürfnis interpretiert werden, wie es in sakralisierter Form auch in der Gleichsetzung Polens mit dem „Christus der Völker" durch Adam Mickiewicz deutlich wird.

Im Falle der Freiheitskämpfer selbst jedenfalls führten die Allgegenwart des Problems mangelnder nationaler Eigenständigkeit und die Definition der Revolution als göttlichen Auftrag auch dazu, dass der Schritt zum nationalistisch motivierten Märtyrer nicht mehr weit war. Dieser Umstand erklärt die Einsatzbereitschaft, die polnische Soldaten im Kampf um die Unabhängigkeit immer wieder an den Tag legten: Bereits die „polnischen Legionen", die auf Betreiben Jan Henryk Dąbrowskis aufgestellt worden waren und im Dienst Napoleons standen, fielen durch ihr besonders wagemutiges Engagement auf. Zum Mythos wurden auch diejenigen polnischen Adeligen, die als die berüchtigten „chevaux légers" ein Regiment leichter Kavallerie stellten und durch kühne Attacken beispielsweise im Spanienkrieg 1808 unter dem Rittmeister Kozietulski von sich reden machten. Als Aufforderung, für die nationale Sache notfalls auch sein Leben zu geben, musste von dem einfachen Soldaten auch der zweite Teil des Kernsatzes der Wybicki-Hymne verstanden werden: „Solange wir leben", heißt es dort im Anschluss an die Phrase „Noch ist Polen nicht verloren". Die Erzählungen von Heldentum und Todesmut, die sehr bald in ganz Europa mit dem Polentum in Verbindung gebracht wurden, wirkten im Sinne einer Stärkung des Nationalstolzes auf die Polen zurück. Sie taten dies auch noch, nachdem man sich mit dem gescheiterten „Januaraufstand" von 1863/64 zunehmend von dem Konzept des zwar zwecklosen, aber heroischen Kampfes ab- und einem pragmatischen Realismus zuzuwenden begonnen hatte.

11 Ausschnitt aus dem Panorama von Racławice. Das Panoramabild (15 x 114 m) zeigt den Sieg der polnischen über die russische Armee im Jahre 1794 bei Racławice unter Führung des Generals Generals Tadeusz Ko ciuszko (in der Mitte des gezeigten Ausschnitts) mit seinen Bauern-Soldaten, den sog. „Sensenmännern" (rechts und links im Bild)
Das Bild wurde u.a. von den Malern Jan Styka (1858–1925) und Wojciech Kossak (1857–1942) gemalt und zum 100. Jahrestag im habsburgischen Lemberg (Lwów) veröffentlicht. Nach dem 2. Weltkrieg wurde es 1946 zerlegt und nach Breslau (Wrocław) gebracht und handwerklich wieder aufbereitet. Schließlich wurde der der Beschluss gefasst, das Gemälde in einem neuen Gebäude auszustellen, welches 1968 begonnen wurde. Aus politischen und finanziellen Gründen immer wieder verzögert, wurde das Panorama am 14. Juni 1985 der Öffentlichkeit zugänglich gemacht.

12 Anonymus: Nachrichten über Polen, zum 3. Mai 1791 (ca. 1791)

Die Revolution vom 3. Mai des Jahres 1791 war eine nicht genug anzustaunende Begebenheit, obgleich es nicht zu leugnen ist, dass ihr sowohl gewisse vorgängige Ereignisse, als auch die ganz eigenen damaligen Verhältnisse der nachbarlichen Staaten auf eine ungemeine Art zustatten gekommen sind. Dies war sie, dies bleibt sie, es mag aus ihr werden, was immer aus ihr etwa werden könnte. Die Ereignisse, welche sie vorbereitet haben, sind nach meinem Gedünken vorzüglich die Einsicht der Mitglieder des damaligen Reichstags, der Genius der Zeit, welcher dergleichen Veränderungen auf eine vorher fast unerhörte Art begünstigte; das Entsetzliche des noch frischen Gefühls der erlittenen Bedrückungen von außen. […]

Manche Mitglieder des damaligen Reichstags haben daher sehr zu Unrecht sich erlaubt, über die französische Revolution sich lustig zu machen: ohne sie hätte Polen kaum seine und gewiss nicht eine so vortreffliche Konstitution erhalten. […]

Die Hauptpunkte der neuen polnischen Konstitution vom 3. Mai 1791:

1. Die Nationalreligion sei der katholische Glaube, aber völlige Religionsfreiheit für alle Religionsparteien.
2. Bestätigung aller Rechte und Vorzüge des Adels; Bestätigung der völligen Gleichheit der adeligen Würde in allen Stufen des Adels.
3. Das Gesetz, nach welchem die königlichen Städte in den Staaten der Republik als frei erklärt worden, wird als ein Teil der neuen Konstitution anerkannt.
4. Die Bauern werden unter den Schutz des Gesetzes genommen, die für sie auf Seiten des Adels bestehenden Verbindlichkeiten sollen von den Gutsbesitzern […] befolgt und nie einseitig oder eigenmächtig aufgehoben werden.
5. Die Regierung besteht aus einer dreifachen Gewalt; die gesetzgebende Gewalt sei bei den versammelten Ständen, die höchste ausübende Gewalt sei bei dem König und dem Stras[1].
6. Der Reichstag oder die Versammlung der Stände, welchem die gesetzgebende Gewalt zusteht, soll sich in zwei Kammern teilen, in die Landboten- und die Senatorenkammer, bei der letzteren hat der König den Vorsitz. Die Landbotenkammer stellt die höchste Nationalgewalt vor, von ihr müssen alle Projekte zuerst entschieden werden. […] Die Landboten sind zu Repräsentanten der Nation erklärt. Das liberum veto und alle Konföderationen hören auf. […]
7. Die ausübende Gewalt: Die Krone soll erblich werden und nach dem Ableben des jetzigen Königs dem jetzt lebenden Kurfürsten von Sachsen anheimfallen.
8. Richterliche Gewalt: Diese soll weder durch die Glieder der gesetzgebenden noch der ausübenden Gewalt, sondern durch eigene dazu erwählte Personen ausgeübt werden. Mithin müssen in erster und zweiter Instanz Landgerichte für jede Wojewodschaft etabliert werden. […]

[1] die Custodia legis, ein unter dem Namen „die Wache des Gesetzes" dem König zugegebenes Kollegium

2

9. Die bewaffnete Nationalmacht: Die Armee muss Belohnung und Ehre haben, sie muss die Treue gegen die Nation und den König sowie auch die Nationalkonstitution beschwören. Sie ist zu brauchen zum Schutz des Landes und gegen Widerspenstige.

Aus: Klaus Staemmler: Polen aus erster Hand. Geschichte und Gegenwart in Berichten und Dokumenten, Würzburg: Arena Verlag 1975, S. 76 ff.

13 Tadeusz Kościuszko (1746–1817), *polnischer General und Nationalheld in: Universal von Połaniec (1794)*

An die Ordnungskommissionen aller Gebiete und Kreise

Nie haben die Polen die Waffen ihrer Feinde gefürchtet, sofern sie unter sich einig waren, ihre Macht kannten und diese Macht zu brauchen wussten, nie, sage ich, wären die Polen mit Waffengewalt überwunden worden, wenn der listige Feind nicht durch Tücke, Verrat und Täuschungen den Willen und die Möglichkeiten zur Abwehr zerstört hätte. Die ganze Linie der moskowitischen Tyrannei in Polen beweist, wie sehr diese Übermacht unser Los geprägt hat. [...]

Die Zeit ist gekommen, das Maß des Unglücks und der Leiden ist voll; die Zeit des endgültigen Schicksals Polens, die Epoche, in der ein einziges Ziel, eine unbezweifelbare und keinem Streit unterliegende Absicht die Herzen und Geister vereinen muss und keinen Polen außerhalb der allgemeinen Verbindung lassen darf, es sei denn die bekannten Verräter, die ängstlichen und ihrer eigenen Denkweise unsicheren Staatsbürger. Der derzeitige Aufstand der Nation will Polen die Freiheit, Unversehrtheit und Unabhängigkeit zurückgeben, es überlässt es einer unbelasteteren Zeit und dem Willen der Nation, zu entscheiden, unter welcher Regierung sie leben will. [...]

Das Schicksal Polens hängt jetzt davon ab, dass wir die doppelte Macht unserer Feinde zerbrechen, das heißt die Macht der Waffen und die Macht der Intrige. Ich muss daher der Nation zur Kenntnis geben, dass die Moskowiter nach Wegen suchen, um die Dorfbevölkerung gegen uns aufzuhetzen, indem sie ihr die Willkür der Herren, ihr früheres Elend und schließlich eine bessere Zukunft mit Moskauer Hilfe vor Augen stellen. [...]

Mit Bedauern muss ich bekennen, dass oft ein strenger Umgang mit dem Volk den Moskowitern Gelegenheit gibt, unsere ganze Nation zu verleumden. Ich erhalte unablässig Klagen von Soldaten und Rekruten, dass ihre Frauen und ihre Kinder nicht nur keine Erleichterung haben, sondern beinahe dafür, dass ihre Männer und Väter der Republik dienen, den größeren Beschwerlichkeiten ausgesetzt sind. [...] Deshalb empfehle ich den Ordnungskommissionen der Wojewodschaften und Gebiete im ganzen Land, die folgenden Anordnungen an alle Gutsherren, Grundbesitzer und sie vertretenden Verwalter auszugeben:

1. Das Volk steht nach dem Gesetz unter dem Schutz der Landesregierung.
2. Jede bäuerliche Person ist frei und kann hinziehen, wohin sie will, sofern sie nur der Ordnungskommission ihrer Wojewodschaft erklärt, wohin sie zieht, und sofern sie ihre Schulden und Landessteuern bezahlt hat.
3. Das Volk erhält Erleichterung der Frondienste dergestalt, dass, wer fünf oder sechs Tage in der Woche gedient hat, zwei Tage in der Woche erlassen bekommt. Wer drei oder vier Tage in der Woche gedient hat, soll einen Tag erlassen bekommen, wer zwei Tage gedient hat, soll einen Tag erlassen bekommen. Wer einen Tag in der Woche gedient hat, soll jetzt einen Tag in zwei Wochen dienen. [...]
Diese Erleichterung soll gelten für die Zeit der Insurrektion, bis die rechtsprechende Gewalt eine dauernde Anordnung in dieser Sache trifft.
4. Die örtliche Obrigkeit wird sich darum bemühen, dass die Landwirtschaft derjenigen, welche im Heer der Republik bleiben, nicht verfällt und der Boden, welcher Quell unseres Reichtums ist, nicht brachliegt, wozu sowohl die Gutshöfe als auch die Bauerndörfer das Ihre tun sollen. [...]
9. Als Gegenleistung für die Gerechtigkeit und Güte der Regierung soll das bäuerliche Volk die restlichen Frondiensttage eifrig ableisten, seiner Obrigkeit gehorsam sein, seine Bauernhöfe versorgen, den Acker gut bestellen und einsäen. [...]
13. Die Geistlichen, die unmittelbaren Lehrer des Volkes, sollen ihm darlegen, welche Pflichten es gegenüber dem Vaterland hat, das sich ihm als echte Mutter erweist. [...]
14. Die Geistlichen beider Riten werden diese Anordnung von den Kanzeln ihrer Kirchen vier Sonntage hintereinander abkündigen. [...]

Gegeben im Lager zu Połaniec, am 7. Mai 1794
Tadeusz Kościuszko

Aus: Tadeusz Kościuszko, Pisma, Warszawa 1947. Zit. nach: Klaus Staemmler: Polen aus erster Hand. Geschichte und Gegenwart in Berichten und Dokumenten, Würzburg: Arena Verlag 1975, S. 84 f.

14 Jan Henryk Dąbrowski (1755–1818), *polnischer General und Nationalheld, in: Für Polens Freiheit (1797)*

Treu meinem Vaterland bis zum letzten Augenblick, habe ich mit dem unsterblichen Kościuszko für die Freiheit gekämpft. Sie ist untergegangen, und es bleibt uns nichts als die tröstende Erinnerung, unser Blut für das Land unserer Ahnen vergossen und den Triumph unserer Fahnen in Dubienka, Racławice, Warszawa und Wilno gesehen zu haben.

Polen! Die Hoffnung einigt uns. Frankreich triumphiert. Es kämpft für die Sache der Völker, bemühen wir uns, seine Feinde zu schwächen! Es bietet uns eine Zuflucht an; lasst uns auf ein besseres Geschick für unser Land warten! Reihen wir uns unter seine Fahnen ein, es sind die der Ehre und des Sieges.

Polnische Legionen bilden sich in Italien. [...] Schon sind Offiziere und Soldaten, Kameraden eurer Mühen und eurer Tapferkeit, bei mir, schon formieren sich Bataillone. [...]

Kommt, Kameraden, werft die Waffen fort, die man euch zu tragen gezwungen hat! Lasst uns für die gemeinsame Sache der Völker, für die Freiheit unter dem tapferen Bonaparte, dem Besieger unserer Feinde, kämpfen!

Der Triumph der französischen Republik ist unsere einzige Hoffnung. Nur sie und unsere Verbündeten ermöglichen uns vielleicht, die geliebten heimischen Herdfeuer, die wir mit Tränen verlassen haben, voller Freude einmal wiederzusehen.

Im Hauptquartier zu Mailand am 1. Pluvoise des Jahres fünf der französischen einen und ungeteilten Republik.
Der polnische Generalleutnant Jan Dąbrowski

Aus: Klaus Staemmler: Polen aus erster Hand. Geschichte und Gegenwart in Berichten und Dokumenten, Würzburg: Arena Verlag 1975, S. 88.

15 Satire auf die Polenpolitik der westlichen Staaten im Jahr 1830. William Heath, London 1831.

Sprechblase oben links: Down with the / Russians; *Sprechblase oben Mitte:* Slaves I have set my life upon a cast – And I will stand / the hazard of the die; *Sprechblase oben rechts:* Dom it if I wasn't so busy I'd come / and lend you a hand myself.

16 „Noch ist Polen nicht verloren" (1797),
verfasst von Józef Wybicki (1747–1822), polnischer Politiker und Schriftsteller

Jeszcze Polska nie zginęła
kiedy my żyjemy.
Co nam obca przemoc wzięła
szablą odbierzemy.
Marsz, marsz, Dąbrowski,
z ziemi włoskiej do Polski!
Za twoim przewodem
złączym się z narodem.

Noch ist Polen nicht verloren,
solange wir leben.
Was fremde Übermacht uns nahm,
nehmen wir mit dem Säbel zurück.
Marsch, marsch, Dąbrowski,
von italienischer Erde nach Polen!
Unter deiner Führung
vereinigen wir uns mit der Nation.

Aus: Klaus Staemmler: Polen aus erster Hand. Geschichte und Gegenwart in Berichten und Dokumenten, Würzburg: Arena Verlag 1975, S. 89.

17 Heinrich Heine (1797–1856) *in seinem Reisebericht „Ueber Polen" von 1822, den er 1823 in der Zeitschrift „Der Gesellschafter oder Blätter für Geist und Herz" veröffentlichte*

Von den Weibern gehe ich über zu dem politischen Gemütszustande der Polen, und muss bekennen, dass ich bei diesem exaltierten Volke es immerwährend bemerkte, wie schmerzlich es die Brust des polnischen Edelmanns bewegt, wenn er die Begebenheiten der letzten Zeit überschaut. Auch die Brust des Nicht-Polen wird von Mitgefühl durchdrungen, wenn man sich die politischen Leiden aufzählt, die in einer kleinen Zahl von Jahren die Polen betroffen. Viele unserer Journalisten schaffen sich dieses Gefühl gemächlich vom Halse, indem sie leichthin aussprechen: die Polen haben sich durch ihre Uneinigkeit ihr Schicksal selbst zugezogen, und sind also nicht zu bedauern. Das ist eine törichte Beschwichtigung. Kein Volk, als ein Ganzes gedacht, verschuldet etwas; sein Treiben entspringt aus einer inneren Notwendigkeit, und seine Schicksale sind stets Resultate derselben. Dem Forscher offenbart sich der erhabenere Gedanke: dass die Geschichte (Natur, Gott, Vorsehung usw.), wie mit einzelnen Menschen, auch mit ganzen Völkern eigene große Zwecke beabsichtigt, und dass manche Völker leiden müssen, damit das Ganze erhalten werde und blühender fortschreite. Die Polen, ein slawisches Grenzvolk an der Pforte der germanischen Welt, scheinen durch ihre Lage schon ganz besonders dazu bestimmt, gewisse Zwecke in den Weltbegebenheiten zu erfüllen. Ihr moralischer Kampf gegen den Untergang ihrer Nationalität rief stets Erscheinungen hervor, die dem ganzen Volke einen andern Charakter aufdrücken, und auch auf den Charakter der Nachbarvölker einwirken müssen. – Der Charakter der Polen war bisher militärisch, wie ich oben schon bemerkte; jeder polnische Edelmann war Soldat und Polen eine große Kriegsschule. Jetzt aber ist dies nicht mehr der Fall, es suchen sehr wenige Militärdienste. Die Jugend Polens verlangt jedoch Beschäftigung, und da haben die meisten ein anderes Feld erwählt als den Kriegsdienst, nämlich – die Wissenschaften. Überall zeigen sich die Spuren dieser neuen Geistesrichtung; durch die Zeit und das Lokal vielfach begünstigt, wird sie in einigen Dezennien, wie schon angedeutet ist, dem ganzen

Volkscharakter eine neue Gestalt verleihen. Noch unlängst haben Sie in Berlin jenen freudigen Zusammenschluss junger Polen gesehen, die mit edler Wissbegier und musterhaftem Fleiße in alle Teile der Wissenschaften eindrangen, besonders die Philosophie an der Quelle, im Hörsaale Hegels, schöpften, und jetzt leider, veranlasst durch einige unselige Ereignisse, sich von Berlin entfernten. Es ist ein erfreuliches Zeichen, dass die Polen ihre blinde Vorliebe für die französische Literatur allmählich ablegen, die lange übersehene tiefere deutsche Literatur würdigen lernen, und, wie oben erwähnt ist, just dem tiefsinnigsten deutschen Philosophen Geschmack abgewinnen konnten. Letzteres zeigt, dass sie den Geist unserer Zeit begriffen haben, deren Stempel und Tendenz die Wissenschaft ist. Viele Polen lernen jetzt Deutsch, und eine Menge guter deutscher Bücher wird ins Polnische übersetzt. Der Patriotismus hat ebenfalls teil an diesen Erscheinungen. Die Polen fürchten den gänzlichen Untergang ihrer Nationalität; sie merken jetzt, wieviel zur Erhaltung derselben durch eine Nationalliteratur bewirkt wird, und (wie drollig es auch klingt, so ist es doch wahr, was mir viele Polen ernsthaft sagten) in Warschau wird an einer – polnischen Literatur gearbeitet. Es ist nun freilich ein großes Missverständnis, wenn man glaubt, eine Literatur, die ein aus dem ganzen Volke organisch Hervorgegangenes sein muss, könne im literarischen Treibhause der Hauptstadt von einer Gelehrtengesellschaft zusammengeschrieben werden; aber durch diesen guten Willen ist doch schon ein Anfang gemacht, und Herrliches muss in einer Literatur hervorblühen, wenn sie als eine Vaterlandssache betrachtet wird. Dieser patriotische Sinn muss freilich auf eigene Irrtümer führen, meistens in der Poesie und in der Geschichte. Die Poesie wird das Erhebungskolorit tragen, hoffentlich aber den französischen Zuschnitt verlieren und sich dem Geiste der deutschen Romantik nähern. – Ein geliebter polnischer Freund sagte mir, um mich besonders zu necken: wir haben ebensogut romantische Dichter als ihr, aber sie sitzen bei uns noch – im Tollhause! – In der Geschichte kann der politische Schmerz die Polen nicht immer zur Unparteilichkeit führen, und die Geschichte Polens wird sich zu einseitig und zu unverhältnismäßig aus der Universalgeschichte hervorheben; aber desto mehr wird man auch für Erhaltung alles desjenigen Sorge tragen, was für die polnische Geschichte wichtig ist, und dieses um so ängstlicher, da man, wegen der heillosen Weise, wie man mit den Büchern der Warschauer Bibliothek im letzten Kriege verfahren, in Sorge ist, alle polnischen Nationaldenkmale und Urkunden möchten untergehen; deshalb, scheint es, hat kürzlich ein Samoyski eine Bibliothek für die polnische Geschichte im fernen Edinburg gegründet. Ich mache Sie aufmerksam auf die vielen neuen Werke, welche nächstens die Pressen Warschaus verlassen, und was die schon vorhandene polnische Literatur betrifft, so verweise ich Sie deshalb auf das sehr geistreiche Werk von Kaulfus. – Ich hege die größten Erwartungen von dieser geistigen Umwälzung Polens, und das ganze Volk kommt mir vor, wie ein alter Soldat, der sein erprobtes Schwert mit dem Lorbeer an den Nagel hängt, zu den milderen Künsten des Friedens sich wendet, den Geschichten der Vergangenheit nachsinnt, die Kräfte der Natur erforscht und die Sterne misst, oder gar die Kürze und Länge der Silben, wie wir es bei Carnot sehen. Der Pole wird die Feder ebensogut führen wie die Lanze, und wird sich ebenso tapfer zeigen auf dem Gebiete des Wissens, als auf den bekannten Schlachtfeldern. [...]

Aus: Heinrich Heine, Historisch-kritische Gesamtausgabe der Werke, hrsg. von Manfred Windfuhr in Verbindung mit dem Heinrich-Heine-Institut, Band 6, Hamburg 1973, S. 69. Zit. nach: www.heine-portal.de.

18 Ludwig Uhland (1787–1862), *deutscher Dichter, Jurist und Politiker in: Mickiewicz (1833)*

An der Weichsel fernem Strande
Tobt ein Kampf mit Donnerschall,
Weithin über deutsche Lande
Rollt er seinen Widerhall.
Schwert und Sense, scharfen Klanges,
Dringen her zu unsern Ohren,
Und der Ruf des Schlachtgesanges:
Noch ist Polen nicht verloren!

Und wir horchen und wir lauschen,
Stille waltet um und um,
Nur die trägen Wellen rauschen,
Und das weite Feld ist stumm;
Nur wie Sterbender Gestöhne,
Lufthauch durch gebrochne Hallen,
Hört man dumpfe Trauertöne:
Polen, Polen ist gefallen!

Mitten in der stillen Feier
Wird ein Saitengriff getan;
Ha! wie schwillet diese Leier
Voller stets und mächt'ger an!
Leben schaffen solche Geister,
Dann wird Totes neu geboren;
Ja! mir bürgt des Liedes Meister:
Noch ist Polen nicht verloren!

Aus: Reiner Pommerin/Manuela Uhlmann [Hg.]: Quellen zu den deutsch-polnischen Beziehungen 1815–1991, Darmstadt 2001, S. 47f.

19 Adam Mickiewicz (1798–1855), *polnischer Politiker und Dichter: „Pan Tadeusz" (1834)*

Litauen, du mein liebes Vaterland!
Du bist wie die Gesundheit, die nur der
So recht zu schätzen weiß, der sie verloren.
Erst jetzt erkenn' ich deine ganze Schönheit
In ihrem vollen Glanz und will sie hier
Besingen, denn ich sehne mich nach dir.

Oh, heil'ge Mutter Gottes! Hör mein Flehen!
Du strahlst vom hellen Berg zu Czenstochau!
Und oft hab' ich dein leuchtend Bild gesehen
Am Spitzen Tor zu Wilna! – Oh, ich weiß genau:
Wenn du uns schützt, dann kann uns nichts geschehen.
Du bist ja auch seit je dem festen Bau
Zu Nowogródek Schutz und Schirm gewesen.
Ich ruf' zu dir, lass mich auch jetzt genesen.

Wie du an mir in meinen Kindertagen
In Todesnot ein Wunder hast getan,
Als weinend mich die Mutter bracht' getragen
Zu deinem Heiligtum, zu dir hinan.
Ich hatte kaum die Augen aufgeschlagen,
Da neigtest du dein Haupt und sahst mich an,
Dann segnetest du mich und hast dem Leben
Den Todgeweihten da zurückgegeben.

Ich konnte aufstehn und sogleich die Stufen
Hinauf zu deinem Heiligtume gehn.
Oh, tu dein Wunder jetzt, hör unser Rufen
Und lass uns nicht mehr in der Fremde stehn.
Dass wir, aus weiter Ferne heimgerufen,
Durch dich die liebe Heimat wiedersehn:

Oh, heil'ge Jungefrau, reich uns deine Hand
Und führe uns zurück ins Vaterland.

Aus: Adam Mickiewicz: Pan Tadeusz. Rowohlt Verlag, Hamburg 1956. Zit. nach: Klaus Staemmler: Polen aus erster Hand. Geschichte und Gegenwart in Berichten und Dokumenten, Würzburg: Arena Verlag 1975, S. 109.

20 Georg Herwegh (1817–1875), *deutscher Vormärz-Dichter, „Polen an Europa" (1846)*

Der heil'ge Krieg ist neu entglommen,
Die Söhne Polens werden wach,
Wir haben unser Schwert genommen
Nach fünfzehn Jahren tiefer Schmach.
An dich, du stumme Zeugin unsrer Klage
Und unsrer namenlosen Qual,
An dich, Europa, richten wir die Frage:
Verlässt du uns zum zweitenmal?
Ist's nicht ein Kampf für deine Sache?
Ein Kampf, von jedem Flecken rein?
Auf! Polens Adler will der Rache
Gebenedeiter Engel sein.
Die Saat ist reif, es rauschen unsre Sensen,
Wir schwingen auch für dich den Stahl:
Die Hoffnung sieh in unsern Augen glänzen –
Verlass uns nicht zum zweitenmal!
Du liegst an alter Schuld erkranket –,
Europa, o entsühne dich!
Und schnell, solang die Waage schwanket,
Wirf noch dein Herz hinein für mich.
Dein Zaudern wäre dreifach ein Verbrechen,
Denn dreifach ist der Feinde Zahl;
Für dich und mich ein dreifach Joch zu brechen,
Verlass mich nicht zum zweitenmal.
Ein wildes Meer von Aufruhrflammen,
Der Zorn der ganzen Weit vereint,
Schlag über seinem Haupt zusammen
Und trümmre nieder unsern Feind!
Deutschland! sei zwischen uns ein Bundeszeichen,
Der Freiheit loderndes Signal!
Auch Polens Aar trägt einen Kranz von Eichen:
Verlass mich nicht zum zweitenmal.
Auf, Preußen, schüttle deine Ketten!
Erkämpf dein Recht, der Tag ist da!
Es gilt ja mich und euch zu retten –
Auf, Ungarn! auf, Italia!
O Galliens Hahn, sprich, bist du blind geworden
Und ahnst du nicht den Morgenstrahl?
Sie nahn, sie wüten, die Barbarenhorden -
Verlasst uns nicht zum zweitenmal!

http://gutenberg.spiegel.de/herwegh/gedichte/revoluti/aneuropa.htm

21 Der preußische Politiker Otto von Bismarck (1815–1898) zur „polnischen Frage" (20. April 1848)

Die Befreiung der wegen Landesverrats verurteilten Polen ist eine der Errungenschaften des Berliner Märzkampfes, und zwar eine der wesentlichsten, da die konstitutionelle Verfassung, die Pressefreiheit und Maßregeln zur Einigung Deutschlands bereits vor Ausbruch des Kampfes gesichert waren. Die Berliner haben die Polen mit ihrem Blute befreit und sie dann eigenhändig im Triumph durch die Stadt gezogen; zum Dank dafür standen die Befreiten bald darauf an der Spitze von Banden, welche die deutschen Einwohner einer preußischen Provinz mit Plünderung und Mord, mit Niedermetzelung und barbarischer Verstümmelung von Weibern und Kindern heimsuchten. So hat deutscher Enthusiasmus wieder einmal zum eigenen Schaden fremde Kastanien aus dem Feuer geholt. [...]
Eine nationale Entwicklung des polnischen Elements in Polen kann kein anderes vernünftiges Ziel haben, als das, einer Herstellung eines unabhängigen polnischen Reichs zur Vorbereitung zu dienen. Man kann Polen in seinen Grenzen von 1772 herstellen wollen, ihm ganz Posen, Westpreußen und Ermeland wiedergeben; dann würden Preußens beste Sehnen durchschnitten und Millionen Deutscher der polnischen Willkür überantwortet sein, um einen unsicheren Verbündeten zu gewinnen, der lüstern auf jede Verlegenheit Deutschlands wartet, um Ostpreußen, polnisch Schlesien, die polnischen Bezirke von Pommern für sich zu gewinnen. Andererseits kann eine Wiederherstellung Polens in einem geringeren Umfange beabsichtigt werden, etwa so, dass Preußen nur den entschieden polnischen Teil des Großherzogtums Posen hergäbe. In diesem Fall kann nur der, welcher die Polen gar nicht kennt, daran zweifeln, dass sie unsere geschworenen Feinde bleiben würden, solange sie nicht die Weichselmündung und außerdem jedes polnisch redende Dorf in West- und Ostpreußen, Pommern und Schlesien von uns erobert haben würden. Wie kann aber ein Deutscher, weinerlichem Mitgefühl und unpraktischen Theorien zu Liebe, dafür schwärmen, dem Vaterlande in nächster Nähe einen rastlosen Feind zu schaffen, der stets bemüht sein wird, die fieberhafte Unruhe seines Inneren durch Krieg abzuleiten und uns bei jeder westlichen Verwicklung in den Rücken zu fallen; der viel gieriger nach Eroberung auf unsere Kosten sein wird und muss, als der russische Kaiser, der froh ist, wenn er seinen jetzigen Koloss zusammenhalten kann und der sehr unklug sein müsste, wenn er den schon starken Anteil zum Aufstand bereiter Untertanen, den er hat, durch Eroberung deutscher Länder zu vermehren bemüht sein wollte. Schutz gegen Russland brauchen wir aber

22 Adam Mickiewicz (1798–1855), Gemälde von Walenty Wankowicz (1800–1842).

23 Los des Frankfurter Frauen- und Mädchen-Vereins zur Unterstützung verbannter Polen, 1832.

von Polen nicht; wir sind uns selbst Schutz genug. Ich halte dafür unsere jetzige Politik in Bezug auf Posen, auch wenn man jeden einzelnen Deutschen daselbst dem Deutschen Bund vorbehält, auch wenn man nur den kleinsten Teil des polnisch redenden Anteils dem übrigen Staat durch Sondereinrichtungen entfremdet, für die bedauerliche Donquixoterie, die je ein Staat zu seinem und seiner Angehörigen Verderben begangen hat. Die Regierung hat mit Ordnung dieser Angelegenheit einen mehr polnisch als deutsch gesinnten Mann beauftragt, dessen Benehmen die Armee mit Entrüstung, das Land mit Misstrauen erfüllt und dessen bei der günstigsten Annahme schwach zu nennendes Verfahren den Missgriffen in dieser Angelegenheit die Krone aufsetzt und sie sanktioniert. Die letzte pomphafte Erklärung dieses Kommissars, in der er sich rühmt, durch seine Bemühungen diese Frage friedlich gelöst zu haben, erscheint in den Blättern gleichzeitig mit dem klagenden Hilferuf von Behörden und Privatleuten, die fortdauernd von Totschlag und Plünderung der Deutschen und von bewaffneten Konflikten mit dem Militär zeugen. Wird das verantwortliche Ministerium des Königs der Nationalversammlung gegenüber die Verantwortung für alles das übernehmen, was Herr von Willisen in Posen getan und unterlassen hat, und für die ganz bis jetzt verfolgte Richtung unserer polnischen Politik? Dann wäre es wichtig, sich darüber aufzuklären, ob in Preußen noch dieselben Rechtsgrundsätze gültig sind, welche in dem Polenprozess des vorigen Jahres gegen die Angeklagten zur Anwendung kamen.

Aus: Reiner Pommerin/Manuela Uhlmann [Hg.]: Quellen zu den deutsch-polnischen Beziehungen 1815–1991, Darmstadt 2001, S. 63 f.

24 Wilhelm Jordan (1819–1904), *deutscher Schriftsteller und Politiker in seiner Rede vor der Frankfurter Nationalversammlung (24. Juli 1848)*

Um nun die spezielle Seite des vorliegenden Falls entscheiden zu können, kommt es darauf an, wie wir uns zwei Hauptfragen zu beantworten haben: 1) Soll der Grundsatz einer Gebietsscheidung des Großherzogtums Posen nach Maßgabe der beiden Nationalitäten anerkannt werden? 2) Soll die Verwirklichung dieses Grundsatzes, so wie sie durch die bereits gezogene Scheidungslinie erfolgt ist, unsere Genehmigung erhalten? In Bezug auf das Großherzogtum Posen ist in Europa eine sehr irrige Ansicht verbreitet. Der Umstand, dass einige Teile desselben allerdings ihrer ganzen Geschichte und ihren Bewohnern nach, von jeher polnisch gewesen sind, und dass andere Teile desselben zeitweise unter polnischer Herrschaft gestanden haben, ist Ursache gewesen, dass man bisher ziemlich allgemein angenommen hat, ganz Posen sei ein schlechthin polnisches Land. Diese Annahme ist, wie gesagt, eine durchaus irrige. Der nördliche Teil von Posen, der Netzedistrikt, hat ursprünglich zu Pommern gehört, und wurde erst im Vertrage von Thorn an das Königreich Polen abgetreten, also von diesem erobert. Später kam er durch den Vertrag von Warschau an Preußen, und ist seitdem bei Preußen geblieben, wenn man von der kurzen Zwischenexistenz des Herzogtums Warschau absehen will. Ferner sind die Westkreise Birnbaum, Meseritz, Bomst, Fraustadt seit urdenklicher Zeit, wie Sie schon aus den Namen dieser Städte entnehmen können, in der überwiegenden Mehrheit ihrer Bewohner deutsch gewesen. In anderen Kreisen, die ursprünglich allerdings polnisch waren, hat das Deutschtum mit der Zeit sich ausgebreitet und ist daselbst ebenfalls überwiegend geworden. Auf das Wie? komme ich später zurück. Kurz, es steht als Tatsache fest, dass ein großer Teil von Posen gegenwärtig überwiegend deutsch ist, und von dieser Tatsache haben wir auszugehen. Sie wissen, dass die Revolution in Berlin den Beschluss, den Polen ihre Nationalität in einer bisher nicht dagewesenen Weise zu sichern, und den polnischen Gebietsteilen eine gesonderte Verfassung zu geben, zur Folge hatte. Die Deutschen waren der Meinung, eine gleiche Berechtigung dazu zu haben; sie glaubten, ihre Nationalität müsste gerade so gut anerkannt und gesichert werden, wie die der Polen. Sie sagten: Es geht uns nichts an, wohin ein Landstrich einmal gehört hat, nicht die Vergangenheit kann hier entscheiden, sondern die lebendige Gegenwart hat das Recht. Sie protestierten also gegen eine polnische Reorganisation der deutschen Distrikte und verlangten kategorisch eine Abgrenzung derselben von den polnischen. Die Regierung ging auf dieses Verlangen ein, und beschloss diese Demarkation.

Man hat dies eine neue Teilung Polens genannt; es ist aber nichts anderes geschehen, als dass man festgestellt hat, wie

weit sich Deutschland tatsächlich nach Osten erstreckte, d. h. wie weit deutsche Sprache und Gesittung siegreich vorgedrungen ist. Die Frage in Betreff der Scheidungslinie reduziert sich also auf die andere Frage: Soll eine halbe Million Deutscher unter deutscher Regierung, unter deutschen Beamten leben, und zum großen deutschen Vaterlande gehören, oder sollen sie in der sekundären Rolle naturalisierter Ausländer in die Untertänigkeit einer anderen Nationalität, die nicht soviel humanen Inhalt hat, als das Deutschtum gegeben, und hinausgestoßen werden in die Fremde? – Wer die letztere Frage mit Ja beantwortet, wer da sagt, wir sollen diese deutschen Bewohner von Posen den Polen hingeben und unter polnische Regierung stellen, den halte ich mindestens für einen unbewussten Volksverräter. Mit dieser Frage ist zugleich die andere zum großen Teil schon entschieden. Es fragt sich in Bezug auf die wirklich gezogene Scheidungslinie nur noch, ob sie richtig, d. h. nach Maßgabe der Überwiegenheit der beiderseitigen Nationalitäten gezogen worden ist. Man kann sagen, dass dieser Grundsatz im allgemeinen gewissenhaft beobachtet worden ist. Wie aber überall im öffentlichen Leben die Theorien durch die konkreten Verhältnisse in ihren äußersten Konsequenzen modifiziert werden, so ist es auch hier geschehen. Man hat zunächst keine Enklaven schaffen dürfen, und so ist es gekommen, dass, sozusagen, Nationalitätsinseln auf beiden Seiten der Scheidungslinie übrig geblieben sind, dass polnische Teile dem deutschen Gebiet, und deutsche dem polnischen Gebiet einverleibt worden sind. Dann aber konnte ein sehr wichtiger Gesichtspunkt nicht unberücksichtigt bleiben: die eigene Sicherheit Deutschlands. Bei einem ausbrechenden Kriege würden wir in Gefahr kommen, unsere Ostländer zu verlieren, wenn wir nicht ihre strategischen Linien in unserer Gewalt behielten. Um den Hauptpunkt dieser strategischen Linien, um die Festung Posen selbst mitzubehalten, dazu bedurfte es keiner Abweichung von dem Grundsatze, nach dem die Scheidungslinie gezogen war, denn diese mit zehn Millionen deutschen Geldes erbaute Stadt ist der Mehrzahl ihrer Bewohner nach deutsch. […]
Polen bloß deswegen herstellen zu wollen, weil sein Untergang uns mit gerechter Trauer erfüllt, das nenne ich eine schwachsinnige Sentimentalität. […]
Ich sage, die Politik, die uns zuruft: Gebt Polen frei, es koste, was es wolle, ist eine kurzsichtige, eine selbstvergessene Politik, eine Politik der Schwäche, eine Politik der Furcht, eine Politik der Feigheit. Es ist hohe Zeit für uns, endlich einmal zu erwachen, aus jener träumerischen Selbstvergessenheit, in der wir schwärmten für alle möglichen Nationalitäten, während wir selbst in schmachvoller Unfreiheit darniederlagen und von aller Welt mit Füßen getreten wurden, zu erwachen zu einem gesunden Volksegoismus, um das Wort einmal gerade heraus zu sagen, welcher die Wohlfahrt und Ehre des Vaterlandes in allen Fragen oben anstellt.

Stenographischer Bericht über die Verhandlungen der Deutschen Constituirenden Nationalversammlung zu Frankfurt am Main/hrsg. auf Beschluss der Nationalversammlung 1848/49, S. 1143–1145.

25 Ernst Moritz Arndt (1769–1860), *deutscher Dichter und politischer Publizist über „Polenlärm und Polenbegeisterung" (1848)*

Wieviel ist seit einem Jahrhundert über die unglücklichen Polen verhandelt, gestritten, geschrieben worden! Wieviel allermeist in dem letzten halben Jahrhundert! Machen doch die Wildlinge und Taugenichtse in den Familien auch immer den größten Lärm, und geht es der Weltgeschichte da viel besser mit den ewig unruhigen und halbwilden Völkern?
Ich behaupte eben mit der richtenden Weltgeschichte vorweg: die Polen und überhaupt der ganze slawonische Stamm sind geringhaltiger als die Deutschen, und die deutschen Polennarren haben weder einen politischen noch einen geistigen und sittlichen Grund, die Kinder ihres Blutes des Polacken zu Gefallen aufzuopfern und in den schlechteren Stoff hineinstampfen zu lassen.
Ich werde bei der Lesung und Umschlagung der Blätter des Polenbuches, das so offen vor aller Welt aufgeschlagen liegt, ganz kurz sein und nur zu drei Arten Leuten ein Wörtchen sprechen. […]
Meine drei Arten heißen: Die Unwissenden, die Narren und die Schelme. Die Unwissenden. Dies ist die große Mehrzahl der polnischen und deutschen Schreier. Was wissen diese von Geschichte? Nie und nimmer haben die Polen über die gotisch-vandalischen Lande und Mischlingsvölker von Preußen und Hinterpommern geherrscht. Durch Eroberungsrecht wurden sie seit dem dreizehnten Jahrhundert ein Besitz des deutschen Ritterordens. Auch über die Lande um die Warthe und Netze und über alle Gaue westlich von Posen war während des Mittelalters zwischen den Herzogen von Pommern, dem Deutschen Orden, den Markgrafen von Brandenburg und den Herzogen oder Königen von Polen ein unaufhörlicher Kampf des wechselnden Besitzes. Es waren streitige Gebiete, in welchen der deutsche Ritterorden aber meistens das Übergewicht behauptete. Seitdem der Orden von dem fünfzehnten Jahrhundert herab schwächer und Polen mächtiger geworden, ist erst polnische Herrschaft hier mehr eingedrungen und haben die Polen um die Warthe, Netze und um die Niederweichsel in Westpreußen sich mancher Schlösser und Herrlichkeiten der deutschen und pommerschen Ritter bemächtigt; aber die Zahl der Einwohner ist den Polen gegenüber meistens die gleiche, in Westpreußen die überwiegende geblieben.
Die Narren. Diese faseln in einer falschen und wohlfeilen Begeisterung und wollen die begangenen Unrechte des letzten Jahrhunderts auf Kosten der Deutschen gutmachen, ohne irgendeine Gegenrechnung und einen Gedanken, dass auch die Polen ihre großen, früheren und späteren Unrechte gehabt haben, und zwar das Hauptunrecht und die polnische Ursünde in ihrer Unordnung, Vaterlandsvergessenheit, ja Vaterlandsverräterei, wodurch sie in ihren gegenwärtigen Zustand hinabgesunken sind.
Unordnung, ein großes Wort, Unordnung und Herrenlosigkeit. Kann ein Deutscher es leugnen, dass wir, obgleich ein viel tüchtigeres Volk als die Polen, eben auch in unserer Unordnung und Herrenlosigkeit und wegen Gleichgültigkeit und Untreue gegen unsere Gefreundeten und Reichsgenossen einst eben wie die Polen Estland, Livland, Kurland, fast ganz Preußen, Hochburgund, die Schweiz, Niederland, das Elsass und Lothringen verloren haben? Kommt nun her, ihr bezauberten oder gutmütigen Narren und schreibt uns diese herrlichen, abgerissenen Lande wieder zurück. Ihr bringt sie uns so nicht wieder, ebensowenig als ihr durch begeistertes Geschrei Polen den Russen abjagt und wiederherstellen könnt.
Nein, was gegen Westen und diesseits von Polen liegt, wo die Deutschen mitherrschen, und die Kreise um die Warthe und Netze und Westpreußen, früher und jetzt mehr von Deutschen bewohnte und besessene Lande, wollen wir dem schlechteren und leichteren Volk nicht so hinwerfen. Alles, was östlich von Posen liegt, ein fast rein polnisches Land, wollen wir den Polen mit Pflicht und Freude zu-

2

rückgeben, wenn sie die Tüchtigkeit und Redlichkeit beweisen, dass sie wieder ein Volk werden können.
Die Schelme. Dies wäre ein langes Kapitel. Wir wollen es zu einem kurzen machen. Die Rede der Wahrheit ist kurz. Manche Polenbegeisterte oder sich Polenbegeistertgebärdende sind noch die sogenannten Republikaner, die unser liebes Vaterland von einem Ende bis zum anderen in Brand und Blut übereinanderstürzen und es an beiden Grenzen, im Westen und im Osten, den Welschen und Moskowiten als bereitete und leicht zerreißliche Beute hinwerfen möchten. Diese sind keine begeisterten Toren, auch nicht bloße Narren, sie sind Vaterlandszerreißer und Vaterlandsverräter, gerade jenen schlechten Polen gleich, die ihr Land weiland der großen Katharina von Russland verkauften. Es sind wirkliche Schelme, die wissen, was sie tun, und warum sie es tun. Warum toben und schreien sie so gewaltig für die Polen? Warum schimpfen und schmähen sie ohne Maß und Ziel auf die Preußen und auf den König von Preußen und möchten gern die halbe preußische Monarchie den Polacken hinwerfen?
O glaubt mir: Es ist Plan in der Wut. Preußen ist die erste und jetzt die einzige Macht, um welche die Fürsten und Völker Deutschlands sich sammeln können und, wenn sie bestehen wollen, sich sammeln müssen. Gelänge es ihnen, diese klein und verächtlich zu machen und in der Meinung und Hoffnung der Deutschen ganz herunterzubringen, so hätten sie viel von ihrem bösen Spiel gewonnen. Aber hört es, ihr armen Polen, ihr werdet durch diese Spieler keine freien Polen werden. Ich sage euch: Ihr könnt es nur werden, wenn ihr die Gründung und Befestigung des neuen Deutschlands, das eben auch seine schweren Geburtswehen hat, mit Mäßigung und Ordnung, die euch am schwersten werden, erwartet. Dies kann nur euer Weg sein, wenn es noch einen Weg für euch gibt.

Aus: Ernst Moritz Arndt: Eine Auswahl der Werke, hrsg. v. Curt Elwenspoek, Stuttgart 1925, S. 127–130.

26 Aufruf des aus der revolutionären polnischen Untergrundregierung hervorgegangenen Nationalen Zentralkomitees an das Volk (1863)

Die nichtswürdige Regierung der Eroberer hat, wütend geworden durch den Widerstand des von ihr gequälten Opfers, beschlossen, ihm den entscheidenden Stoß zu versetzen – sie will einige Zehntausend seiner tüchtigsten, eifrigsten Verteidiger mit Gewalt entführen, sie in die verhasste Moskauer Uniform stecken und Tausende von Meilen in ewiges Elend und Verderben forttreiben. Polen will und kann sich dieser schändlichen Vergewaltigung nicht widerstandslos unterwerfen, es muss, soll es nicht von den Nachkommen mit Schande bestraft werden, energischen Widerstand leisten. Getrieben von heißer Vaterlandsliebe, von unerschütterlichem Glauben an die Gerechtigkeit und die Hilfe Gottes, haben Scharen der kämpferischen, der opferbereiten Jugend geschworen, das verfluchte Joch abzuschütteln oder zu sterben.
Ihr nach also, polnisches Volk! Nach der schrecklichen Schande der Unfreiheit, nach den unfasslichen Qualen der Unterdrückung ruft dich jetzt das Nationale Zentralkomitee als deine einzige legale Nationalregierung auf das Feld des letzten Kampfes, auf das Feld des Ruhms und des Sieges, den es dir gibt und im Namen Gottes zu geben schwört, weil es weiß, dass du, gestern ein Büßer und Rächer, morgen ein Held und Riese sein musst und sein wirst. Ja, du wirst deine Freiheit, deine Unabhängigkeit erringen durch die Größe einer Tapferkeit, durch die Heiligkeit eines Opfers, wie es noch kein Volk in die Blätter seiner Geschichte geschrieben. Deinem aufstehenden Vaterland gibst du ohne Bedauern, Schwäche und Zögern all dein Blut, dein Leben und deine Habe, wenn es sie von dir fordert. Dafür verspricht dir das N.Z.K., dass die Kräfte deiner Tüchtigkeit nicht vertan werden, denn es wird das Steuer, das es ergreift, mit starker Hand festhalten. Es wird alle Hindernisse zerbrechen, alle Schranken beiseite stoßen und jede Abneigung gegen die heilige Sache, ja sogar den Mangel an Eifer verfolgen und bestrafen vor dem strengen, aber gerechten Tribunal des gekränkten Vaterlandes.
Gleich am ersten Tag des offenen Auftretens, im ersten Augenblick des heiligen Kampfes wird das N.Z.K. alle Söhne Polens ohne Unterschied des Glaubens und der Herkunft, der Abstammung und des Standes zu freien und gleichen Bürgern des Landes erklären. Der Boden, den das bäuerliche Volk bisher nach Pacht- oder Frondienstrecht in Besitz hat, wird von diesem Augenblick an bedingungslos sein Eigentum und ewiges Erbteil. Die betroffenen Eigentümer werden aus allgemeinen Fonds des Staates entschädigt. Alle Kätner und Landarbeiter aber, die in die Reihen der Vaterlandsverteidiger eintreten oder im Falle ihres rühmlichen Todes auf dem Feld der Ehre – ihre Familien erhalten aus den Staatsgütern ihren Anteil an der verteidigten Erde.

27 Tabakdose „Des Polen Klage“. Firma Stobwasser, Braunschweig 1831.

Zu den Waffen also, Volk Polens, Litauens und Reußens, zu den Waffen! Denn die Stunde der gemeinsamen Befreiung hat schon geschlagen, unser altes Schwert ist gezogen, die heilige Standarte mit Adler, Verfolger und Erzengel ist entfaltet.
Und nun wenden wir uns an dich, Moskauer Volk. Unsere traditionelle Losung sind Freiheit und Bruderschaft der Völker, deshalb vergeben wir dir sogar den Mord an unserem Vaterland, sogar das Blut von Praga und Oszmiany, die Gewalttaten auf den Straßen Warschaus und die Torturen in den Kellern der Zitadelle. Wir verzeihen dir, denn auch du bist elend und geplagt, traurig und gequält, die Leichen deiner Kinder hängen an den Galgen des Zaren, deine Propheten erfrieren in Sibirien. Doch wenn du in dieser entscheidenden Stunde in dir keine Trauer um die Vergangenheit, keine heiligen Wünsche für die Zukunft empfindest, wenn du im Ringen mit uns den Tyrannen unterstützt, der uns tötet und dich zu Boden tritt – wehe dir! Dann verdammen wir dich im Angesicht Gottes und der ganzen Welt zur Schande ewiger Knechtschaft und Qual ewiger Unfreiheit und fordern dich heraus zum schrecklichen Vernichtungskampf, zum letzten Kampf der europäischen Zivilisation mit der wilden Barbarei Asiens.

Aus: Klaus Staemmler: Polen aus erster Hand. Geschichte und Gegenwart in Berichten und Dokumenten, Würzburg: Arena Verlag 1975, S. 114 f.

28 Marceli Żółtowski (1812–1901), *polnischer Politiker, in seiner Rede vor dem deutschen Reichstag (1871)*

Berlin, 1. April 1871
Meine Herren, in der Thronrede sind folgende Worte ausdrücklich aufgenommen:
Die Achtung, welche Deutschland für seine eigene Selbstständigkeit in Anspruch nimmt, zollt es bereitwillig der Unabhängigkeit aller anderen Staaten und Völker, der schwachen wie der starken.
In diesem erhabenen Worte erblicken wir nun, meine Herren, eine sichere Bürgschaft dafür, dass gleichzeitig mit der Neugestaltung des deutschen Reiches auf nationalem Gebiete auch unsere gerechten nationalen Forderungen, namentlich die uns Deutschland gegenüber durch die Wiener Kongressakte feierlich gewährleistete nationale Sonderstellung, wieder zur Geltung gelangen werden. Das Bewusstsein dieser unserer nationalen Sonderstellung den deutschen Stämmen gegenüber hat sich übrigens auch in diesem hohen Hause neulich kund gegeben, indem Sie nämlich bei der letzten Adressdebatte kein Mitglied der polnischen Fraktion weder zur Vorberatung des Adressentwurfs in der Seniorenversammlung hinzugezogen, noch in der Adressdebatte selbst sich haben beteiligen lassen; dadurch haben Sie, meine Herren, mit uns anerkannt, dass es für Polen zu einem deutschen Parlament, wo spezifisch deutsche Interessen zur Sprache gebracht werden, keinen geeigneten Platz gibt. Wir hegen daher die Hoffnung, dass bei der jetzt vorgenommenen Regulierung der deutschen Verhältnisse die Proteste endlich berücksichtigt werden, welche seit dem Jahre 1848 unsererseits bei jedem Versuche einer Gebietserweitung des deutschen Bundes erhoben worden sind, gegen die Einverleibung der unter preußischer Herrschaft stehenden polnischen Landesteile in den norddeutschen, respektive in den deutschen Bund. Wir hätten zwar gewünscht, meine Herren, im Interesse Ihres eigenen Gerechtigkeitsgefühls, dass die Initiative zur Berücksichtigung unserer Proteste deutscherseits ergriffen worden wäre; wir hätten gewünscht, dass deutscherseits Ihre Inkompetenz anerkannt worden wäre, über die Aufhebung der uns durch internationale Verträge gewährleisteten nationalen Rechte einseitig zu statuieren. Dieser Wunsch ist indessen nicht in Erfüllung gegangen; bei der Redaktion des Gesetzentwurfs ist vielmehr unser nationaler Standpunkt ganz und gar außer Acht gelassen worden und wir im Verhältnis zum deutschen Reich den preußischen Untertanen deutscher Nationalität gleichgestellt. Wir aber, meine Herren, so schwach wir auch der Zahl nach Ihnen gegenüber sein mögen, wir haben doch das Recht und die Pflicht, für die Aufrechthaltung der uns garantierten nationalen Sonderstellung Sorge zu tragen, und wir können uns daher unmöglich mit einem Verfassungsentwurf zufrieden erklären, welcher das Werk der nationalen Konstituierung Deutschlands damit beginnt, dass er den Polen die ihnen auf Grund internationaler Verträge unbestritten zustehenden Rechte verkennt.

Aus: Reiner Pommerin / Manuela Uhlmann [Hg.]: Quellen zu den deutsch-polnischen Beziehungen 1815–1991, Darmstadt 2001, S. 36 f.; aus: Stenographische Berichte der Verhandlungen des Reichstages, Bd. 1, S. 64ff.

29 Reichskanzler Otto von Bismarck in seiner Entgegnung auf Marceli Żółtowski (1871)

Berlin, 1. April 1871
Ich bestreite dem Herrn Vorredner und seinen Mitantragstellern zunächst das Recht, sich hier auf die Worte der Thronrede zu berufen. In der Thronrede ist die Rede von anderen Völkern und Staaten, deren Selbstständigkeit geschont werden soll. Die Herren gehören zu keinem anderen Staate und zu keinem anderen Volke als zu dem der Preußen, zu dem ich mich selbst zähle, und können Posen und Westpreußen, langjährige Bestandteile der preußischen Monarchie, nicht zu denjenigen anderen Völkern und Staaten zählen, welche in der Thronrede gemeint sind. Es ist das eine der Fiktionen, die den Blick trüben und das Urteil fälschen.
Ich bestreite den Herren ferner das Recht, im Namen der Bevölkerung irgend eines preußischen Landesteiles zu sprechen, welches auch die Sprache dieser Bevölkerung sein mag. Ich will nicht daran erinnern, dass Sie gesetzmäßig hier nur die Gesamtheit des Volks und nicht einen einzelnen Landesteil vertreten und keine Spezialmandate haben können; ich will nur daran erinnern, was ich Ihnen bei einer früheren Gelegenheit gründlicher nachgewiesen habe, dass Ihre Wähler mit dem, was Sie hier angeblich im Namen Ihrer Wähler erklären, nicht einverstanden sind, und dass die Sache von solcher Notorietät ist, dass ich mich darüber jedes Beweises überhoben halten kann. Ihre Landsleute haben mit demselben Mut und mit derselben Hingebung für die Sache, welche uns hier vereint, gestritten, wie die Bewohner jedes anderen Teil von Preußen, und Ihre Landsleute, die Sie hier vertreten, sind für die Segnungen der preußischen Kultur gerade so dankbar, wie die Bewohner Schlesiens und anderer Provinzen.
Ich bestreite Ihnen ferner – und ich glaube, es geschieht von dieser Stelle schon zum zehnten Male – das Recht, sich auf einen Vertrag für Sonderstellung einzelner Provinzen im preußischen Staat zu berufen. Sie haben es stets sorgfältig vermieden, diese Verträge ihrem vollen Wortlaute nach anzuführen. Ich habe im preußischen Landtage an dieser Stelle Gelegenheit gehabt, dies wörtlich nachzuweisen, und nur, weil Sie hier unrichtige Behauptungen wiederholen, muss ich auch meinen Widerspruch dagegen wiederholen. Es wäre die Existenz des Großherzogtums

2

Posen und Westpreußen im preußischen Staat, wie sie seit einem halben Jahrhundert ist, nicht möglich gewesen, wenn etwas Derartiges, wie Sie stets wiederholt anführen, in den Verträgen stipuliert wäre.
Ich möchte Sie dann auch daran erinnern, uns mehr durch das Beispiel der Duldsamkeit als durch Ihre Worte zu belehren. Wie hat sich denn die polnische Nation zu der Zeit, wo sie selbstständig war, gegen die von ihr mit dem Schwert Unterworfenen verhalten? Wollen Sie uns das Benehmen, welches Sie gegen die Ruthenen, gegen die unter Ihrem Zepter lebenden Russen, gegen die Litauer, ja gegen die Deutschen beobachtet haben, zum Muster empfehlen? Dann, meine Herren, würde Ihre Existenz in diesem Lande vollständig unerträglich werden, wenn wir Sie so behandeln wollten, wie Sie die durch Eroberung unterworfenen Deutschen behandelt haben.
Die Herren, die sich mit der Spezialgeschichte von Westpreußen vertraut gemacht haben, werden sich erinnern, dass wir in diesen Tagen einen Gedächtnistag für die Stadt Thorn haben feiern können, wo die polnischen Herrscher es den Deutschen mit blutiger Schrift bewiesen haben, wie sie nationale Sonderbestrebungen zu behandeln entschlossen waren. Fürchten Sie nicht, meine Herren, dass wir aus diesen historischen Reminiszenzen, zu denen Sie mich wider meinen Willen zwingen, irgend ein Beispiel oder eine Empfindlichkeit übernehmen. Die verbündeten Regierungen und insbesondere Ihre Landesregierung, die königlich preußische, wird fortfahren in den Bestrebungen, die Segnungen des Rechtsschutzes und der Gesittung unter den Dankbaren und unter den Undankbaren zu verbreiten, und glücklicherweise sind die Dankbaren in der Mehrheit auch bei Ihnen.

Aus: Reiner Pommerin/Manuela Uhlmann [Hg.]: Quellen zu den deutsch-polnischen Beziehungen 1815–1991, Darmstadt 2001, S. 36 f.; aus: Stenographische Berichte der Verhandlungen des Reichstages, Bd. 1, S. 76f.

30 Gesetz über die Geschäftssprache der Behörden (1876)

Berlin, 28. August 1876

§1 Die deutsche Sprache ist die ausschließliche Geschäftssprache aller Behörden, Beamten und politischen Körperschaften des Staates. Der schriftliche Verkehr mit denselben findet in deutscher Sprache statt.

§2 In dringlichen Fällen können schriftliche von Privatpersonen ausgehende Eingaben, welche in einer anderen Sprache abgefasst sind, berücksichtigt werden. Im Falle der Nichtberücksichtigung sind sie mit dem Anheimstellen zurückzugeben, sie in deutscher Sprache wieder einzureichen.

§3 Für die Dauer von höchstens 20 Jahren, von dem Inkrafttreten dieses Gesetzes ab, kann im Wege Königlicher Verordnung für einzelne Kreise oder Kreisteile der Monarchie der Gebrauch einer fremden Sprache neben der deutschen für die mündlichen Verhandlungen und die protokollarischen Aufzeichnungen der Schulvorstände, sowie der Gemeinde- und Kreisvertretungen, der Gemeindeversammlungen und Vertretungen der sonstigen Kommunalverbände gestattet werden.
Während des gleichen Zeitraums kann durch Verfügung der Bezirksregierung den der deutschen Sprache nicht mächtigen Beamten ländlicher Gemeinden, durch Verfügung des Appellationsgerichts den der deutschen Sprache nicht mächtigen Gerichtsvögten und Vormündern gestattet werden, ihre amtlichen Berichte und Erklärungen in der ihnen geläufigen Sprache einzureichen.

§4 [...] Die Führung eines Nebenprotokolls in der fremden Sprache findet nicht statt, jedoch können Aussagen und Erklärungen in fremder Sprache, wenn und soweit der Richter dies mit Rücksicht auf die Wichtigkeit der Sache für erforderlich erachtet, auch in der fremden Sprache in das Protokoll oder eine Anlage niedergeschrieben werden. In dazu geeigneten Fällen kann dem Protokoll eine durch den Dolmetscher zu beglaubigende Übersetzung beigefügt werden. [...]

§7 Die Zuziehung eines Dolmetschers kann unterbleiben, wenn die beteiligten Personen sämtlich der fremden Sprache mächtig sind. In diesem Fall kann das Protokoll, sofern es Handlungen der freiwilligen Gerichtsbarkeit betrifft, in der fremden Sprache aufgenommen, es muss jedoch die Übersetzung in das Deutsche alsbald bewirkt werden. Falls das in deutscher Sprache aufgenommene Protokoll der Genehmigung seitens einer der deutschen Sprache nicht mächtigen Person bedarf, ist es derselben durch eine der amtlich mitwirkenden Personen in der fremden Sprache vorzutragen. [...]

Aus: Preußisch-Deutsche Gesetze-Sammlung, Bd. I, 1, Düsseldorf 1896, S. 747–748.

31 Leokadia Stankowska: Schulstreik (ca. 1961)

Im Jahr 1901 ging ich in die erste (also oberste, Anm.) Klasse der Elementarschule in Wreschen. In diesem Jahr ordneten die preußischen Behörden die Einführung des Religionsunterrichts in deutscher Sprache an. Allen Kindern der beiden ältesten Klassen wurden kostenlos Katechismen in deutscher Sprache ausgehändigt. Obwohl der Lehrer drängte, wollte kein Schüler unserer Klasse den Regierungskatechismus annehmen.
Am nächsten Tag in der ersten Stunde begann der Lehrer das Gebet auf deutsch, während wir es bisher in polnisch gesprochen hatten. Der Lehrer fing mehrmals an: „Vater unser“, wir aber sagten: „Ojcze nasz.“ Da mehrere Versuche ohne Ergebnis blieben, ließ der Lehrer uns das Gebet nicht beenden. Vom nächsten Tag an wurde in unserer Klasse vor Unterrichtsbeginn kein Gebet mehr gesprochen.
Am 3. April gaben alle Schüler die geschenkten Katechismen zurück, indem sie sie auf das Katheder legten. Trotz der Bitten des Lehrers, sie wieder abzuholen, tat das keiner der Schüler unserer Klasse. Darauf rief der Lehrer den Schulrektor Fedtke in die Klasse. Der fragte uns aus, wer uns befohlen hätte, die Katechismen zurückzugeben. Ein Teil der Schüler antwortete, ihre Eltern hätten das befohlen. Andere erklärten, sie wollten und würden nicht aus deutschen Katechismen Religion lernen. Daraufhin berief der Rektor eine Lehrerkonferenz ein, als deren Ergebnis mitgeteilt wurde, wir müssten wegen Widersetzlichkeit nach dem Unterricht täglich einige Stunden Arrest absitzen. Trotz der Warnungen gaben wir nicht nach. Aus diesem Grunde fanden von nun an keine Religionsstunden mehr statt, dafür mussten wir täglich drei bis vier Stunden Arrest absitzen. [...]
Am 20. Mai kam der Schulinspektor Winter in die Schule und sagte zu uns: „Ihr seid Deutsche.“ Darauf riefen wir im Chor: „Wir sind Polen.“ Obwohl der Inspektor uns drängte, lehnten wir die Annahme der Katechismen entschieden ab. Der Inspektor verließ die Klasse. Nach einiger Zeit rief man uns einzeln in eine andere Klasse, wo man uns mit Schlägen bestrafte. Als ich an die Reihe kam, sprang der Lehrer Koralewski auf mich zu, fasste mich

am Kragen und zog mich in den Raum, in dem Inspektor Winter, Rektor Fedtke und Lehrer Schoelzchen saßen. Man fragte mich: „Willst du Religion in deutscher Sprache lernen?“ Ich antwortete: „Nein.“ Da schlug mir Schoelzchen mit dem Rohrstock aus voller Kraft auf die Handflächen. Die Schläge waren so stark, dass die Haut an meinen Händen zerschnitten wurde. Nach der Bestrafung schickte man uns heim.
Als ich die Schule verließ, hatte sich auf der Straße eine Menschenmenge versammelt, welche die Lehrer verwünschte. Das Schulgebäude wurde mit Steinen und Ziegeln beworfen. Zu Hause zeigte ich meiner Mutter meine verletzten Hände. Mutter brachte mich sofort zum Arzt Ludwik Krżyzagórski, er stellte mir eine ärztliche Bescheinigung aus, welche die erlittene Körperverletzung bestätigte. Aufgrund dieser ärztlichen Bescheinigung erhob meine Mutter ähnlich den Eltern meiner Klassenkameraden und -kameradinnen Klage bei Gericht. Doch das Gericht schlug die Sache nieder. Fast zwei Wochen lang konnten die Kinder nicht schreiben, weil sie mit ihren geschwollenen Händen nicht einmal die Feder halten konnten. Doch wir hielten stand im Kampf um die polnische Sprache in der preußischen Schule.

Aus: Klaus Staemmler: Polen aus erster Hand. Geschichte und Gegenwart in Berichten und Dokumenten, Würzburg: Arena Verlag 1975, S. 133 f.

32 Gesetz über Maßnahmen zur Stärkung des Deutschtums (1908)

Berlin, 20. März 1908
Wir Wilhelm, von Gottes Gnaden König von Preußen, verordnen, mit Zustimmung der beiden Häuser des Landtags der Monarchie, was folgt:
[Dem] Gesetz, betreffend die Beförderung deutscher Ansiedlung in den Provinzen Westpreußen und Posen, vom 26. April 1886, in der Fassung, die es durch die Gesetze vom 20. April 1896 und vom 1. Juli 1902 erhalten hat, [...] werden folgende Vorschriften angefügt:
§13 Dem Staat wird das Recht verliehen, in den Bezirken, in denen die Sicherung des gefährdeten Deutschtums nicht anders als durch Stärkung und Abrundung deutscher Niederlassungen mittels Ansiedlung (§1) möglich erscheint, die hierzu erforderlichen Grundstücke in einer Gesamtfläche von nicht mehr als siebzigtausend Hektar nötigenfalls im Wege der Enteignung zu erwerben.
Ausgeschlossen ist die Enteignung
a) von Gebäuden, die dem öffentlichen Gottesdienste gewidmet sind, und von Begräbnisstätten;
b) von Grundstücken, die im Eigentum von Kirchen und von Religionsgesellschaften, denen Korporationsrechte verliehen sind, stehen, sofern der Eigentumserwerb vor dem 26. Februar 1908 vollendet war;
c) von Grundstücken, die im Eigentum von Stiftungen, die als milde ausdrücklich anerkannt sind, stehen, sofern der Eigentumserwerb vor dem 26. Februar 1908 vollendet war. [...]
§15 Die Ansiedlungskommission bezeichnet durch Beschluss das Grundstück, das auf Grund des verliehenen Eigentumsrechts erworben werden soll. Der Beschluss ist dem Eigentümer des abzutretenden Grundstücks durch Zustellung, im übrigen durch das Amtsblatt der Regierung bekannt zu machen. [...]

Aus: Reiner Pommerin/Manuela Uhlmann [Hg.]: Quellen zu den deutsch-polnischen Beziehungen 1815–1991, Darmstadt: 2001, S. 78 f.

33 Józef Piłsudski (1867–1935).

34 Józef Piłsudski (1867–1935), *der sozialistische Politiker in seinem Aufruf an die Polen 1915*

Ożarów, 5. August 1915
Vor einem Jahr habe ich mit einer kleineren Handvoll schlecht bewaffneter und schlecht ausgerüsteter Leute den Krieg begonnen. Die ganze Welt trat damals zum Kampf an. Ich wollte nicht zulassen, dass in einer Zeit, da man auf dem lebendigen Leib unseres Vaterlandes mit dem Schwert die neuen Grenzen der Staaten und Völker festlegen wollte, nur die Polen fehlten.
Ich wollte nicht zulassen, dass auf den Waagschalen, die über unseren Köpfen schwankten, dass auf den Waagschalen, auf welche die Schwerter geworfen wurden, der Polnische Säbel fehlte!
Dass unser Säbel klein, dass er eines 20-Millionen-Volkes nicht würdig war, ist nicht unsere Schuld. Hinter uns stand keineswegs ein Volk, dem der Mut fehlte, den ungeheuren Geschehnissen ins Auge zu sehen, und das in passiver „Neutralität“ von irgendwem eine „Garantie“ erwartete.
Soldaten! Ihr seid meinem Befehl gefolgt, ohne zu zögern, ohne einen Augenblick lang zu überlegen, ob euer Schicksal nicht dem Schicksal so vieler Generationen polnischer Soldaten vor uns ähnlich sein wird. Ihr seid mir gefolgt, um zur Verteidigung wenn schon nicht des Glücks unseres Vaterlandes, so wenigstens seiner Ehre anzutreten.
Ein Jahr ist vergangen. Aus euch ist ein Soldatentyp entstanden, wie ihn Polen bisher nicht kannte. Nicht die Bravour, nicht der soldatische Flitter stellt unser wesentliches Kennzeichen dar, sondern die überaus seltsame Ruhe und Ausgeglichenheit bei der Arbeit ohne Rücksicht auf die Widrigkeiten, die uns begegnen. Aus einem jungen Burschen entsteht in unserer Atmosphäre schnell ein ruhiger, ausgeglichener, alter Soldat, der für eine lange und

mühselige Arbeit ausgebildet ist und nicht wie Stroh im ersten kleinen Feuer verbrennt.
Soldaten und Waffengefährten! Ein Jahr schwerer Arbeit ist vergangen. So schwere, von so vielen Hindernissen umstellte Arbeit, dass wir uns im Rückblick wundern, warum wir noch leben, warum die heimischen Wälder über uns nicht schon lange das Trauerlied rauschen, über uns, den polnischen Soldaten aus dem großen Krieg 1914–1915. Auch jetzt, nach einem Jahr Krieg, sind wir wie zu Beginn nur Polens kriegerische Vorhut, aber auch seine moralische Vorhut, fähig, alles zu riskieren, wenn das Risiko notwendig ist.
Soldaten! Heute, nach einem Jahr Krieg und Arbeit, bin ich traurig, euch nicht zu großen Siegen gratulieren zu können, aber auch stolz, weil ich euch heute mit größerer Ruhe als vor einem Jahr zurufen kann: Jungens! Vorwärts! Zum Tod oder zum Leben, zum Sieg oder zur Niederlage – zieht aus, um durch kriegerische Tat Polen zur Wiederauferstehung zu wecken.
Józef Piłsudski
Kommandant

Aus: Klaus Staemmler: Polen aus erster Hand. Geschichte und Gegenwart in Berichten und Dokumenten, Würzburg: Arena Verlag 1975, S. 143 f.

35 Artikel in der Frankfurter Allgemeinen Zeitung vom 11./12.11.2006: Gründervater oder Chauvinist. Ein Denkmal für Roman Dmowski entzweit die polnische Nation (Konrad Schuller, 2006)

Warschau, 10. November. Für Denkmäler ist die Aleje Ujazdowskie der beste Platz Warschaus. An ihrem östlichen Rand säumt sie der „Park Lazienkowski" mit seinen uralten Kastanien sowie den Standbildern Frédéric Chopins und Józef Piłsudskis, der 1918, nach 123 Jahren der Teilung, Polen in die Unabhängigkeit führte. Auf der Westseite prangt in ornamentalem Stalin-Barock die Kanzlei des Ministerpräsidenten. Nur hundert Schritte vom Haupteingang mit seiner Aufschrift „Ehre und Vaterland" aber, an der Einmündung der Aleje Szucha, wo einst das Gestapo-Hauptquartier stand, wird an diesem Samstag, dem polnischen Nationalfeiertag, ein weiteres Denkmal eingeweiht; es entzweit die Nation. Während die Befürworter glauben, hier einen der Väter Polens zu verehren, protestieren die Gegner gegen die Verherrlichung eines Mannes, den sie für einen Prediger des Hasses und des Antisemitismus halten. Unbestritten ist dabei, dass Roman Dmowski, dessen Standbild enthüllt wird, neben Pilsudski der zweite bedeutende Gründervater des modernen Polen ist. Während der Marschall 1920 im Feld gegen die Rote Armee das Überleben des jungen Staates erfocht, kämpfte er bei den Friedensverhandlungen von Versailles für Polens Interessen.
Die beiden stellen zwei Pole der polnischen Gesellschaft dar, die bis heute das Land prägen. Während Pilsudski, ein autoritärer Sozialist polnisch-litauischer Abstammung, für ein plurales Staatswesen eintrat, in dem die Minderheiten des Landes, Juden, Deutsche, Litauer oder Ukrainer, ihren sicheren Platz hätten, trat Dmowski, geboren 1864 in Kamionek bei Warschau, für eine geschlossene Gesellschaft ein, die durch ethnisches Polentum, katholischen Glauben und Abgrenzung gegen fremde Einflüsse definiert war. Minderheiten hatten in dieser Sicht keinen Platz. Vor allem die Deutschen und die Juden galten als Verschwörer gegen Polens Sache.
Aus diesem Grund ist vor allem auf der polnischen Linken sofort Widerspruch wach geworden, als der Warschauer Stadtrat, beherrscht von der nationalkonservativen Regierungspartei „Recht und Gerechtigkeit" (PiS) sowie ihrem radikal-nationalistischen Koalitionspartner „Liga Polnischer Familien" (LPR), im Jahr 2004 beschloss, die Mittel für das Denkmal bereitzustellen. An der Spitze des Protests steht abermals eine polnische Legende: der jüdische Kardiologe Marek Edelman, der letzte überlebende Kommandeur des Warschauer Ghetto-Aufstandes von 1943. „Dmowskis Name ist unauflöslich mit der Idee des Rassismus, des Chauvinismus, des ‚nationalen Egoismus' und vor allem des Antisemitismus verbunden", heißt es in einem von Edelman unterschriebenen Aufruf. „Wir können zwischen der Errichtung eines Standbilds für Dmowski und faschistischer Propaganda keinen Unterschied erkennen." Edelmans Intervention hat erregte Zwischenrufe nach sich gezogen, unter anderem in einer Beitragsserie der Zeitung „Rzeczpospolita". Zur Ehrenrettung Dmowskis ist dabei vor allem Jan Zaryn vom „Institut für nationales Gedenken" (der polnischen Variante der Gauck-Behörde) in die Bresche gesprungen. Zaryn führt an, die beharrliche kulturelle und politische Arbeit Dmowskis vor dem Ersten Weltkrieg habe entscheidend dazu beigetragen, die polnische Nation auf die Unabhängigkeit vorzubereiten. Seine „national-demokratische" Bewegung erst habe „die Elite der polnischen Intelligenz an die Welt der westeuropäischen Politik und ihrer Entwicklung zur Demokratie herangeführt". Sein Judenhass wird in dieser Argumentation nicht geleugnet, aber hintangestellt: „Antisemiten", so schreibt selbst der ansonsten durchaus kritische Historiker Andrzej Mencwel, „hatten wir damals haufenweise, aber Staatsmänner nur eine Handvoll."
Dmowskis Kritiker halten dem entgegen, bei der „Öffnung zu Westeuropa", von der hier die Rede sei, handle es sich leider um die Öffnung zum Schlimmsten, was der Kontinent damals zu bieten gehabt habe: zu einem biologistischen, antisemitischen National-Darwinismus, zu Gewalt, Ausgrenzung und Rassenhass. Der Historiker Tomasz Nalecz belegt durch Zitate Dmowskis Nähe zum westeuropäischen Faschismus und zum deutschen Nationalsozialismus: „Sowohl ihre Haltung zu den Juden und zum Freimaurertum", so habe Dmowski noch 1933 voll Bewunderung über die Nationalsozialisten geschrieben, „[als] auch ihr Kampf gegen den sittlichen Zerfall" beweise, dass Hitler aus Deutschland eine „dauerhafte, unbesiegbare Macht" schmieden wolle. Die Grünen-Politiker Anna Cala und Adam Ostolski erinnern in diesem Zusammenhang daran, dass Dmowski zu der Atmosphäre der antijüdischen Gewalt und der Ausgrenzung, die gegen Ende der dreißiger Jahre auch in Polen um sich griff, prägend beigetragen habe. Er habe zwar „an der Vernichtung der Juden nicht teilgenommen", aber er trage „einen Teil der Verantwortung dafür, dass der Holocaust so leicht durchzuführen war – dass 90 Prozent der polnischen Juden ermordet wurden". Dass Dmowski dennoch heute, 67 Jahre nach seinem Tod, ein Denkmal erhält, hängt mit der Nachkriegsgeschichte zusammen. Im verschlossenen Treibhaus der kommunistischen Diktatur nämlich haben die Grundlinien seines Denkens – übersteigerter Patriotismus, Skepsis gegen Minderheiten, politischer Klerikalismus, Antisemitismus, Furcht vor Deutschland sowie eine Neigung zu Verschwörungstheorien – in einem Teil der polnischen Gesellschaft überlebt. Das Sprachrohr dieses Milieus ist der Sender „Radio Maryja", politisch hat vor allem die kleine Koalitionspartei „Liga Polnischer Familien" und – weniger ausgeprägt – die PiS der Brüder Kaczynski sein Erbe aufgenommen. Allerdings muss zu ihrer Ehrenrettung gesagt werden, dass ihre Spitzen sich zumindest von Dmowskis Antisemitismus distanzieren. Dieser

Koalition von rechts und ganz rechts ist es zu verdanken, dass Warschau ein Denkmal Dmowski bekommt und – was vielleicht ebenso wichtig ist – eine Debatte über sein geistiges Erbe. Im Zuge dieser Debatte haben Cala und Ostolski eine Inschrift für das Denkmal vorgeschlagen: „Herr, vergib ihm, denn er wusste nicht, was er tat."

Aus: Frankfurter Allgemeine Zeitung vom 11./12.11.2006, S. 12.

36 Richtlinien für die deutschen Friedensunterhändler (1919)

Berlin, 21. April 1919
II. Territorialfragen
4. Polen.

Das Wilson-Programm sieht einen unabhängigen polnischen Staat vor, der die von unbestritten polnischer Bevölkerung bewohnten Gebiete einschließt, der einen freien und sicheren Zugang zum Meere erhält und dessen politische und wirtschaftliche Unabhängigkeit und territoriale Unverletzlichkeit durch internationales Abkommen garantiert wird.

Der Streit über das nach diesen Grundsätzen als polnisch anzusehende Gebiet darf nur durch eine unparteiische Instanz geschlichtet werden, die sich auf die Abstimmung der Bevölkerung zu stützen hat. Abstimmung ist auf die Provinz Posen, und zwar auf das Gebiet jenseits der Demarkationslinie zu beschränken, da nur hier einigermaßen geschlossenes polnisches Sprachgebiet; möglichste Zurückdrängung der Demarkationslinie ist anzustreben. Ausdehnung auf Westpreußen und Oberschlesien wäre schon deshalb ungerechtfertigt, weil Ostpreußen nicht vom übrigen Reichsgebiet abgerissen werden darf und weil der Besitz Oberschlesiens, das 22% der deutschen Kohle produziert, eine Lebensfrage für Deutschland ist und sein Anschluss an Polen auch nicht im Interesse der Bevölkerung läge.

Abstimmung erst nach Friedensschluss, und zwar nach Ersetzung polnischer Truppen durch neutrale Polizeitruppen. Abstimmungsmodus: Abstimmung nach Gemeinden, Entscheidung nach Zweidrittelmehrheit. Wahlberechtigung gemäß Wahlgesetz zur Nationalversammlung, aber unter Beteiligung der aus der Provinz geflohenen Deutschen und unter der Bedingung des Besitzes deutscher Staatsangehörigkeit und einjährigen Wohnsitzes, Austausch etwaiger Enklaven.

Der zugestandene freie Zugang zum Meere darf nicht durch einen polnischen Korridor nach Danzig geschaffen werden, der Ostpreußen und Teile Westpreußens vom Reiche abtrennen würde. Die polnischen Interessen sind vielmehr durch wirtschaftliche Maßnahmen zu sichern: Errichtung von Freibezirken in einem oder mehreren Ostseehäfen, Erleichterungen im Transitverkehr, auf Gegenseitigkeit beruhende Vereinbarungen bezüglich des Eisenbahnverkehrs, des Ausbaues von Weichsel und Bug und der Schifffahrt auf diesen Flüssen.

In wirtschaftlicher Hinsicht ist Vorsorge zu treffen, dass wir uns den Bezug der landwirtschaftlichen Erzeugnisse der Provinz Posen sichern. Die Gelegenheit der Verhandlungen ist zu benutzen, um zu allgemeinen handelspolitischen Abmachungen mit Polen zu kommen, insbesondere auf dem Gebiete das Durchgangsverkehrs.

Aus: Reiner Pommerin/Manuela Uhlmann [Hg.]: Quellen zu den deutsch-polnischen Beziehungen 1815–1991, Darmstadt 2001, S. 88 f.

Arbeitsvorschläge

a) Zeichnen Sie auf einer modernen Osteuropa-Karte die ungefähren Linien der polnischen Teilungen von 1772, 1793 und 1795 ein.

b) Analysieren Sie die Symbolik des Gemäldes zur Verabschiedung der Verfassung vom 3. Mai 1791 von Kazimierz Wojniakowski. Diskutieren Sie in diesem Zusammenhang Gründe für die Ähnlichkeit, die zwischen diesem Gemälde und dem zeitgleich entstandenen Gemälde zum „Ballhausschwur" während der Französischen Revolution von Jacques-Louis David besteht. (M 2)

c) Erörtern Sie anhand der in den „Nachrichten über Polen" aufgeführten Hauptpunkte die Bedeutung der Verfassung vom 3. Mai 1791. (M 12)

d) Untersuchen Sie das Gemälde „Finis Poloniae" von Dietrich Monten auf Details hin, die auf eine nationalistische Verklärung des historischen Verlaufs des „Novemberaufstands" von 1830 deuten. (M 5)

e) Vergleichen Sie die Einstellung Heinrich Heines gegenüber den Polen mit derjenigen Ernst Moritz Arndts, indem Sie die wichtigsten Aussagen der beiden Texte einander in einer Tabelle gegenüberstellen.(M 17, M 25)

f) Fassen Sie die wesentlichen Inhalte des Ausschnitts aus Adam Mickiewicz' „Pan Tadeusz" zusammen und formulieren Sie eine zentrale Aussageabsicht des Textes. Untersuchen Sie in einem zweiten Schritt, mit welchen sprachlichen Mitteln der Verfasser diese Aussageabsicht zu untermauern versucht. (M 19)

g) Stellen Sie die Standpunkte Marceli Żółtowskis und Otto von Bismarcks in einer Übersicht einander gegenüber. (M 28, M 29)

h) Diskutieren Sie, inwiefern der Zeitzeugenbericht zum Schulstreik von 1901 theoretische Aspekte des Nationalismus widerspiegelt, und erörtern Sie in diesem Zusammenhang den grundsätzlichen Einfluss nationalistischer Vorstellungen. (M 31)

I) Informieren Sie sich über den Streit um das Denkmal für Roman Dmowski und referieren Sie über seine weitere Entwicklung und den vorläufigen Ausgang. (M 35)

1 **Der Deutsche Bund nach dem Wiener Kongress 1815.**

3 Deutscher Nationalismus

Entstehungsbedingungen des Nationalismus in Deutschland

Die Jahre zwischen der Französischen Revolution und dem Wiener Kongress markieren mit den Auflösungs- und Krisenerscheinungen sowie den tiefgreifenden gesellschaftlichen Veränderungen, die sie mit sich brachten, die Anfänge des modernen deutschen Nationalismus. Zu Beginn des 19. Jahrhunderts erschütterten den deutschsprachigen Herrschaftsbereich nicht nur territoriale Veränderungen, wie sie sich vor allem aus dem Reichsdeputationshauptschluss von 1803 oder dem Untergang des Heiligen Römischen Reiches Deutscher Nation 1806 bei gleichzeitig immer weiterem Vordringen des napoleonischen Frankreich ergaben, sondern auch eine deutlich feststellbare Erosion althergebrachter Deutungsmuster und Legitimationsstrukturen: Vor allem die Revolutionen in Amerika und Frankreich und der Erfolg dieser Gemeinwesen hatten den desorientierten Intellektuellen aus den deutschsprachigen Staaten gezeigt, dass nicht den spätabsolutistischen Herrschaftsverbänden der mitteleuropäischen Gegenwart, sondern, wie es schien, den jungen, revolutionär zusammengeführten Nationen die Zukunft gehörte. In dieser Situation und in Anlehnung an das amerikanisch-französische Vorbild lag es nahe, das angeschlagene Prinzip der herrschaftlichen Legitimation durch das Gottesgnadentum durch das modernere, das revolutionäre Prinzip der Volksherrschaft zu ersetzen und anstelle des absoluten Monarchen einen neuen Götzen zu inthronisieren: die souveräne Nation.

Vorerst aber galt es, die Konkurrenz pränationaler Identitätsstifter wie die Bindung an historisch definierte Territorien und an alte Dynastien zu verdrängen oder ihr auch nur standzuhalten, was sich vor allem für den süddeutschen Raum als ernsthafte Schwierigkeit erwies, wo ein gewisser Landespatriotismus über das gesamte 19. Jahrhundert hinweg und darüber hinaus Bestand hatte. Vor diesem Hintergrund ist es nachvollziehbar, dass der Nationalismus auf seinem Siegeszug durch ganz Europa und damit auch durch Deutschland nicht nur Rückschläge hinnehmen musste, sondern überhaupt sehr lange brauchte, bis er die immer noch und immer wieder bestehenden konkurrierenden Identifikationsangebote überwunden hatte und zum wirkmächtigsten aller politisch-gesellschaftstheoretischen Deutungskonstrukte aufgestiegen war. Dafür indes standen die Zeichen der Zeit außerordentlich günstig: Der Nationalismus machte in einer Epoche, in der sich durch die beschriebenen politischen und geistesgeschichtlichen Veränderungen, durch Aufklärung und Säkularisation, durch Kapitalismus und Wissenschaftsboom, durch Industrialisierung und weitreichende Reformen wie die Bauernbefreiung in Preußen im Jahre 1807 oder die Aufhebung des Zunftzwanges 1810/11 in allen Bevölkerungsschichten tiefe Verunsicherung ausgebreitet hatte, attraktive Kompensationsangebote wie etwa die Aus-

sicht auf Gleichheit innerhalb der Nation, die zu betonen seine Verfechter nicht müde wurden.
Zu dieser zeitbedingten Attraktivität kam begünstigend, dass neue Ideen seit der Erfindung des Buchdrucks sehr schnell und effektiv überall verbreitet werden konnten. Der moderne Buchdruck war es, der eine unterschiedliche Idiome zusammenfassende und einzelne Idiome verschiedentlich begünstigende Schriftsprache hervorgebracht hatte. Sie machte es möglich, dem Bayern wie dem Hannoveraner Sachverhalte in einem zunehmend als allgemeinverbindlich angenommenen Zeichen- und Bedeutungssystem zu vermitteln, und stellte eine wichtige Grundlage für die Imagination einer durch die gemeinsame Sprache definierten nationalen Gemeinschaft dar.
Die Normierung und die Kodifikation einer „Nationalsprache" schließlich erfolgten im Zuge der Entwicklung der Sprachwissenschaft seit dem Ende des 18. Jahrhunderts: Sprachwissenschaftler gingen daran, grammatikalische Strukturen der Sprachen vergleichend zu untersuchen, Sprachfamilien zu klassifizieren und hypothetische Ursprachen zu (re-) konstruieren; Grammatiken und ein- oder zweisprachige Wörterbücher, die den gesamten lexikalischen und grammatischen Bestand einer „Nationalsprache" zusammenfassten, waren gewissermaßen das Nebenprodukt dieser Beschäftigung. Ihren wissenschaftlichen Ort fanden die Träger dieser „lexikographischen Revolution" (Benedict Anderson), jene unzähligen Philologen, Literaten, Lexikographen und Grammatiker des ausgehenden 18. und beginnenden 19. Jahrhunderts, an den unter anderem durch die Bildungsreformen Wilhelm von Humboldts aufgewerteten und – 1810 etwa wurde die Berliner Universität als eine Stätte der „Einheit des Forschens, Lehrens und Lernens" aller Wissenschaften ins Leben gerufen – neu begründeten Universitäten. Von dort strahlten die Erkenntnisse wissenschaftlicher Betätigung über die Studenten an weitere Universitäten und vor allem an die Schulen aus, die mit der fortschreitenden Institutionalisierung der Erziehung unter staatlicher Aufsicht und der Aufgliederung des Unterrichtswesens in einzelne Fächer systematisch breite Bevölkerungsschichten erfassten. In der Schule lernte der junge Badenser, der junge Sachse oder der junge Preuße zudem, dass es neben einer genuin „nationalen" Sprache auch eine „nationale" Kunst und Architektur, eine „nationale" Musik und eine „nationale" Literatur gab, die allesamt ihre Spezifität aus den besonderen Umständen der „deutschen" Geschichte bezogen. Dem entspricht, dass der Geschichtsunterricht – zunächst nur an den Gymnasien, seit der zweiten Jahrhunderthälfte auch an den Volksschulen erteilt – neben dem Sprach- und Literaturunterricht einen zweiten, ganz zentralen nationalpolitischen Bildungspfeiler innerhalb des Schulwesens darstellte. Dieser begründete nicht nur scheinbar den speziell „deutschen" Charakter eines schulischen Betrachtungsgegenstandes, sondern ermöglichte es auch dem Staat, seine immer mehr nationalistisch geprägten Ordnungsansprüche wie die Vaterlandsliebe, den Gehorsam oder die Opferbereitschaft für die Nation gegenüber den jungen Staatsbürgern zu artikulieren. Hinter diesem gesinnungsbildenden Unterricht stand eine Geschichtswissenschaft, die wie die Sprachwissenschaft im Laufe des 19. Jahrhunderts einen rasanten Bedeutungszuwachs verzeichnen konnte und sich, indem sie vor allem die mittelalterliche Vergangenheit des Alten Reiches verklärte und aktualisierende

2 **Allegorie des Siegers**, Ölgemälde von Gerhard von Kügelgen (1772–1820), um 1815.

Analogien zwischen der „deutschen" und der antiken Geschichte herstellte, als Instrument zur Beförderung nationalen Bewusstseins gebrauchen ließ. Vor allem bei der Heroisierung des deutschen Mittelalters wurde der Geschichtswissenschaft Schützenhilfe durch die literarische Romantik zuteil, die sich der kosmopolitischen Konzeption der Klassik ebenso wie der Rationalität der Aufklärung bewusst widersetzte.
Ein wirkungsreiches Zusammenspiel aus Wissenschaft, Schule und Universität ermöglichte es also, massenwirksam und bis in die gesellschaftsfernen Schichten hinein propagandistisch tätig zu werden, und vielfach stand am Ende dieses bereits in frühen Kindertagen begonnenen „gesinnungspolitischen Curriculums" eine Institution, der als der „Schule der Nation" das Privileg vorbehalten war, an dem einzelnen Nationsgenossen den letzten nationalpolitischen Schliff vorzunehmen: das Heer, das nach napoleonischem Vorbild in Preußen durch die Reformen der Militärs Gerhard von Scharnhorst (1755–1813), Carl Philipp Gottfried von Clausewitz (1780–1831) und August Graf Neidhardt von Gneisenau (1760–1831) zu einem Volksheer auf der Basis der 1814 eingeführten allgemeinen Wehrpflicht umgewandelt worden war.

Die neuen Ordnungsvorstellungen des frühen Nationalismus

Die Träger des frühen Nationalismus zeichneten als neues gesellschaftliches Idealbild den mündigen und an den Geschicken des Staates teilhabenden Bürger, der den devoten Untertanen ablöst und gemeinsam mit den anderen Bürgern die selbstbewusste und souveräne Nation konstituiert, die ihrerseits im liberalen Nationalstaat die ihr genuin angemessene Verfasstheit findet. Ein entscheidender Unterschied besteht in diesem Zusam-

3 **„Tod im Salef“**, Xylografie von Bernd Amour, 19. Jahrhundert, nach einem Gemälde von W. Beckmann über den Tod von Friedrich I. „Barbarossa“.

menhang zwischen dem frühen Nationalismus bis etwa 1840 und dem Nationalismus späterer Prägung - erst recht dem „Reichsnationalismus“ ab 1871 - insofern, als die Gesellschaftstheoretiker der Frühzeit die idealer Weise entstehenden Nationalstaaten meist nicht im Sinne einer Konkurrenz und kriegerischen Wettbewerbs verstanden. Vielmehr wurde der Nation in der Auffassung der Zeit durch den Aufbau eines Nationalstaats die ihr entsprechende Prägung verliehen, was als Grundlage einer internationalen Friedensordnung galt. Dieser Gedanke freilich trat angesichts der Bedrohung durch Napoleon, dem gleichwohl als dem Repräsentanten eines modernen und erfolgreichen Systems immer wieder auch Bewunderung und Verehrung zuteil wurden, in den Hintergrund und eine ausgeprägte Frankophobie rückte an seine Stelle, die stellvertretend für die in der Folgezeit zahlreich ausgebildeten Xenophobien des Nationalismus stehen sollte.

Bürgerstaat und antifranzösische Frontstellung waren aber nicht die einzigen Identifikationsangebote, die der deutsche Nationalismus den verunsicherten Zeitgenossen unterbreitete: Schließlich forderte er, die Unterschichten zunächst noch ausschließend und damit letztlich in elitärer Manier, neben der erwähnten Mündigkeit auch die Gleichberechtigung aller Bürger innerhalb der Nation, sodass das bei der gesellschaftlichen und politischen Mitsprache im absolutistischen System bislang zu kurz gekommene reiche und gebildete Bürgertum nun endlich darauf hoffen konnte, den ihm aus seiner Sicht entsprechenden Platz einzunehmen. Die konstitutionelle Monarchie war die Staatsform, die diesen Hoffnungen Rechnung zu tragen schien - eine demokratische Republik forderte unter den liberalen Frühnationalisten nur eine Minderheit. Auf diese Weise konnte der Nationalismus als progressive und emanzipatorische Ideologie auftreten, die mit Adelsvormacht und absolutem Regime endgültig Schluss zu machen versprach und mit der metaphysisch verklärten Nation auch die Kirche als die vormals zentrale und durch Aufklärung und Naturwissenschaften ohnehin bröckelnde Sinnstiftungsinstanz abzulösen sich anschickte.

Diesen Prozess wiederum unterstützte die gezielte Mythologisierung der Nation durch Rückgriff auf historische Persönlichkeiten wie Hermann den Cherusker, Karl den Großen oder Friedrich I. Barbarossa, die nun als frühe Repräsentanten der modernen deutschen Nation gedeutet wurden. Die Anfänge der deutschen Nation wurden dadurch weit in die glorifizierte Vergangenheit des Mittelalters zurückverlegt. Aber nicht nur die Vergangenheit, sondern auch die Gegenwart wurde einer ideologischen Anpassung unterzogen. Dies gilt insbesondere für die heroisierende Ausgestaltung des Widerstands gegen die napoleonische Herrschaft, wobei in der offiziell vermittelten Erinnerungskultur die „Freiheitskriege“ zunehmend in „Befreiungskriege“ umgedeutet wurden. Der Ausgang der „Befreiung“ sei, so die offizielle Version, das Resultat einer spontanen nationalen Massenbegeisterung der Deutschen unter besonders intensiver studentischer Beteiligung gewesen. Tatsächlich waren die Rekrutierung von Soldaten für den Kampf gegen den Korsen auch in Preußen nur äußerst schleppend verlaufen und die Studenten mit einem Anteil von nur knapp fünf Prozent sogar unterdurchschnittlich vertreten gewesen. Überhaupt stieß der Widerstand gegen die napoleonische Herrschaft in Deutschland erst ab etwa 1810 auf nennenswerten Zuspruch, als die sozioökonomische Krise unter der französischen Hegemonie immer bedrückender und der Blutzoll durch die Feldzüge Napoleons immer höher wurde. Wie wirkmächtig solche pseudohistorischen Legenden des Nationalismus dennoch waren und letztlich sind, macht ihr Überdauern bis in unsere Gegenwart hinein deutlich. Eine solche am Bild von der glorreichen Nation und ihrer ebenso glorreichen Vergangenheit orientierte Formung von Geschichte nahmen vor allem Historiker des 19. Jahrhunderts vor, die sich in die Reihen der Konstrukteure der Idee von Nation und Nationalstaat eingeordnet hatten.

Die Trägerschicht des frühen Nationalismus

Wer aber stellte über die ideologisch motivierten Geschichtswissenschaftler hinaus die Trägerschicht des frühen Nationalismus in Deutschland dar? – Vor den Zeiten der Massenwirksamkeit der neuen Lehre handelte es sich bei ihren Propagandisten um eine lediglich dünne und keineswegs homogene gesellschaftliche Schicht kosmopolitischer Liberaler mit umfassender Bildung, denen vor allem die Forderung nach einer Vereinigung der Nation in einem konstitutionellen Nationalstaat gemein war. Welchen Organisationsprinzipien dieser Staat verpflichtet sein sollte, darüber gingen die Meinungen auseinander, wobei der amerikanische Föderalismus auf der einen und der französische Zentralismus auf der anderen Seite als die beiden Orientierungspole fungierten. Unabhängig davon aber mussten die frühen Nationalisten bereits mit ihrer Forderung nach einem Nationalstaat per se auf den Widerstand der Machthaber und staatstragenden Schichten ihrer Gegenwart stoßen, deren Einflussgrundlage ja die souveränen deutschen Einzelstaaten waren, wie sie in einem einheitlichen und einigen Deutschland verloren zu gehen drohte. Dazu kam, dass die Idee von der souveränen und Herrschaftslegitimation stiftenden Nation zwangsläufig in Konkurrenz mit der Legitimationsgrundlage des von Gottes Gnaden eingesetzten Herrschers trat, der sie daher als fundamentale Bedrohung seiner absoluten Stellung empfinden musste. Nicht selten ereignete es sich vor diesem Hintergrund, dass liberal und national denkende Intellektuelle von den Regierenden verfolgt wurden oder, sofern sie als Beamte eines Fürstentums tätig waren, in einen Konflikt zwischen ihrem Sein als territorialstaatlicher Interessenvertreter und ihrem Wollen als Bürger eines zu errichtenden deutschen Nationalstaats gerieten.

Zu den Apologeten des neuen Bekenntnisses gehörten wortgewaltige Größen der deutschen Gesellschaftsgeschichte, die vielfach eher in anderen Zusammenhängen bekannt sind, so wie das beispielsweise bei dem Weimarer Hofprediger und Philosophen Johann Gottfried Herder der Fall ist. Herder trat leidenschaftlich für eine Einheit des deutschen Volkes ein, das er über die gemeinsame Sprache definierte, wobei ihm die Sprache selbst als die Inkarnation des „Volksgeistes" galt. Ähnlich wie der, eine knappe Generation später lebende Gelehrte Wilhelm von Humboldt hielt Herder es für ein Naturgesetz und für absolut zwangsläufig, dass Völker voneinander abgesondert in Nationalstaaten leben, die im Dienste des kollektiven Wohlergehens nach einem Maximum an nationaler Einheit und nationaler Stärke streben sollten. Von einer besonderen historischen Mission eines in irgendeiner Weise überlegenen deutschen Volkes gingen weder Herder noch Humboldt aus.

Nichtsdestotrotz gehörten dieses vornehmlich kulturell unterfütterte Sendungsbewusstsein und die damit verbundene, dem Religiösen entlehnte Auffassung, bei den Deutschen handle es sich um ein auserwähltes Volk, sehr früh zu den Lehrsätzen der neuen Ideologie, erfüllten sie doch angesichts der aus der Sicht vieler Zeitgenossen eher ernüchternden Gegenwart eine ganz zentrale Kompensationsaufgabe. Neben Literaten wie Friedrich Schiller oder Heinrich von Kleist sah auch der Philosoph Johann Gottlieb Fichte das durch den Nationalismus konstruierte deutsche Volk zu Höherem berufen: Nur aus den Reihen der von Friedrich Schlegel so bezeichneten „Griechen der Neuzeit" könne, so Fichte in seinen legendär gewordenen „Reden an die deutsche Nation", der vollkommen gebildete Mensch als Grundlage des von der Französischen Revolution vergeblich angestrebten vollkommenen Staates kommen, weil Deutschland in Sachen Wissenschaft und Bildung international den Spitzenplatz einnehme, was wiederum die Pflicht mit sich bringe, die Welt mit den Segnungen deutscher Kultur und Kultiviertheit zu überziehen. Diese kulturelle „Weltregierung" des deutschen Volkes sei deswegen nötig, weil eine Dominanz „vorkultureller" Völker wie der „Türken", „Neger" und „Indianer" den Niedergang aller Zivilisation mit sich bringe. Von der Idee der politischen Weltherrschaft eines deutschen „Herrenvolkes" freilich, deren Umsetzung die großen Katastrophen des 20. Jahrhunderts hervorbrachte, waren Fichte und seine Gesinnungsgenossen weit entfernt – ihnen ging es vielmehr um einen behaupteten Bildungs- und Kulturvorsprung der Deutschen, dem man zu einer möglichst umfangreichen Breitenwirkung verhelfen müsse.

Dass ein wie auch immer geartetes Überlegenheitsgefühl von der Neigung zu Fremdenhass und Xenophobien nicht weit entfernt ist, dafür ist der im kollektiven Kulturgedächtnis der Deutschen noch immer mit einem Ehrenplatz bedachte norddeutsche Gelehrte Ernst Moritz Arndt ein Musterbeispiel: Arndt steigerte sich in einen regelrecht pathologischen Franzosenhass hinein, und wie kaum jemand sonst verlieh er auf seinen zahlreichen Propagandareisen durchs Land und in seinen unzähligen pamphletartigen Schriften diesem Hass auch wortmächtig Ausdruck: „Ich hasse", geiferte er, „alle Franzosen ohne Ausnahme im Namen Gottes und meines Volkes ... Ich lehre meinen Sohn diesen Hass ... Ich werde mein ganzes Leben arbeiten, dass die Verachtung und der Hass auf dieses Volk die tiefsten Wurzeln in deutschen Herzen schlage." Als besonders gefährlich an Arndts Lehre erscheint ihre irrationale Ausrichtung: Der Hassprediger berief sich weniger auf die Ergebnisse rational vollzogener Erkenntnisprozesse als vielmehr auf die quasireligiös-ekstatische Hingabe an den neuen Götzen Nation, was für das einfache Volk insofern besonders attraktiv sein musste, als Arndt seine Botschaft fernab von jeglicher Intellektualität, mit plastischen und einfachen Worten und als Appelle an die Emotionalität eines jeden Einzelnen verbreitete. Von den weniger werdenden Bewunderern Napoleons abgesehen, wurde diese Frankophobie sehr rasch massenfähig, zumal auch Literaten und Publizisten dem hasserfüllten Arndt sekundierten und Schule und Militär als Pflanzstätten des neuen Glaubens an die Nation seit dem zweiten Jahrzehnt des Jahrhunderts ihre Wirkung taten. Die vergiftete Grundlage für die kriegerischen Zusammenstöße zwischen Frankreich und Deutschland in den folgenden Jahrzehnten war damit hergestellt; auf ihrer Basis forderte Heinrich von Kleist für den Umgang mit „dem Franzosen" in aufgrund der Harmonie des Reimes geradezu grotesk anmutenden Versen: „Schlagt ihn tot! Das Weltgericht / Fragt euch nach den Gründen nicht."

3

Wiener Kongress und Restauration – Momente des Rückschlags für den deutschen Nationalismus

Auch wenn solche Stimmen die aggressive Wucht, die dem Nationalismus innewohnte, erahnen ließen und gerade in der Angelegenheit Frankreichs breite Zustimmung fanden – ein Massenphänomen war die neue Ideologie zu Beginn des 19. Jahrhunderts mitnichten. Noch immer konzentrierte sie sich mehr auf eine bürgerlich-intellektuelle Elite als auf das einfache Volk. In den Jahren des Wiener Kongresses und der durch ihn erfolgten konservativ-restaurativen Neuordnung Europas schließlich musste sie herbe Rückschläge hinnehmen, von denen der größte die Wiederherstellung der alten, dynastisch regierten deutschen Staaten anstelle eines einheitlichen Nationalstaats war. Oppositionelle Kräfte aus dem liberalen und nationalen Lager, die sich gegen die restaurativen Maßnahmen der einzelnen Fürsten formierten, wurden umfassend bekämpft – Symbol dieser Unterdrückung sind die so genannten Karlsbader Beschlüsse von 1819, die vor allem auf Betreiben des österreichischen Außenministers und späteren Staatskanzlers Clemens Graf von Metternich zustande kamen, nachdem der Burschenschaftler Karl Ludwig Sand den konservativen Schriftsteller und russischen Generalkonsul August von Kotzebue ermordet hatte. Die Karlsbader Beschlüsse galten nach ihrer Bestätigung durch den Bundestag in Frankfurt für das gesamte Gebiet des Deutschen Bundes und führten zu einem Verbot der Burschenschaften und der Turnvereine als organisatorisch eminent wichtige Keimzellen liberalen und nationalen Gedankenguts, zu Pressezensur und zur Überwachung der Universitäten und Schulen. Liberale Lehrer und Universitätsprofessoren wurden entlassen, und jeder, der sich in der Öffentlichkeit für die Ideen des Liberalismus und des Nationalismus stark machte, musste damit rechnen, im Rahmen groß angelegter und vor allem in Preußen unternommener „Demagogenverfolgungen" verhaftet und eingekerkert zu werden. Betroffen von diesen Maßnahmen war beispielsweise auch Friedrich Ludwig Jahn, der „Turnvater", dessen Bewegung mit 150 Vereinen mit insgesamt etwa 12 000 Mitgliedern ein wesentliches Forum des organisierten deutschen Frühnationalismus seit den Befreiungskriegen geworden war.

Doch nicht nur die aktive Bekämpfung durch die alten und neuen Machthaber der deutschen Einzelstaaten schwächte die junge Nationalbewegung empfindlich: Nachdem den Wirren der Napoleonischen Kriege eine ganze Reihe friedlicher und politisch geordneter Jahre zu folgen schien, kühlte auch das Interesse vieler Zeitgenossen an so fundamentalen Veränderungen wie der Installierung einer komplett neuen, eben nationalstaatlichen Ordnung zunehmend ab. Vielmehr konnte der Deutsche Bund sich als ein Garant der friedlichen Koexistenz der in ihrer Verfasstheit völlig heterogenen deutschen Länder etablieren. Nach dem Ende der napoleonischen Herrschaft und des nahezu zwanzig Jahre währenden Dauerkriegszustandes ließ zunächst auch die Anziehungskraft des Nationalismus nach. Stattdessen gewannen unter den Eliten wieder mehr partikularstaatliche Identifikationskräfte an Boden. Rückgängig konnte die bereits begonnene Entwicklung indes freilich nicht mehr gemacht werden.

4 Holzstich zum Wiener Kongress um 1880, nach einem Gemälde von Jean-Baptiste Isabey (1767–1855).

Auf dem Weg zum Massenphänomen – die Verbreitungsbasen des deutschen Nationalismus

Der Aufstieg des Nationalismus zum Massenphänomen war durch die Rückschläge während der Restaurationszeit nur aufgeschoben. Zu gründlich hatten seine Verbreitungsforen in der Gestalt der Sänger-, Turner- und Burschenschaftsbewegung bereits Fuß gefasst. Ab Mitte der Zwanzigerjahre begannen sie ungeachtet der – aufgrund der Karlsbader Beschlüsse noch immer bestehenden – Repressaliengefahr und mit neuem Schwerpunkt in Süddeutschland, fernab von dem rigiden Preußen, für ihre Sache wieder in breiterem Umfang aktiv zu werden. So lässt sich für diese Zeit ein auffälliges Anwachsen der Zahl der „Männergesangsvereine" verzeichnen, die bis 1848 über 100 000 Mitgliedern eine politische Ersatzheimat gaben und ihrem Streben in nationalen Liedern wie Ernst Moritz Arndts „Was ist des Deutschen Vaterland" oder dem „Lied der Deutschen" von Hoffmann von Fallersleben Ausdruck verliehen. Die Höhepunkte im Vereinsleben der Sängergemeinschaften stellten große regionale Sängerfeste dar, von denen das seit 1845 jährlich abgehaltene „Deutsche Sängerfest" das populärste und in seiner Wirksamkeit nach außen resonanzträchtigste war.

Auch die Burschenschaften wurden wenige Jahre nach Inkrafttreten der Karlsbader Beschlüsse, obwohl Regierungskommissare die Universitäten überwachten, wieder aktiv. Ihren ersten publikumswirksamen Auftritt hatte die organisierte Studentenschaft 1817 gehabt, als die Jenaer Burschenschaft anlässlich des 300. Jahrestags des Thesenanschlags Luthers und der sich zum vierten Mal jährenden Völkerschlacht bei Leipzig deutsche Studenten auf die Wartburg bei Eisenach lud. Dieser Einladung hatten im Verhältnis zur Gesamtzahl der in den deutschen Staaten Studierenden mit etwa 500 Teilnehmern sehr viele Studenten Folge geleistet, sodass das „Wartburgfest" zu einer propagandistischen Großkundgebung im Dienste liberaler und nationaler Ideen wurde und neben der erwähnten Ermordung Kotzebues den Hintergrund für die Repressionspolitik der etablierten Mächte darstellte. Davon unbeeindruckt tauchten die Burschenschaften ab 1826 wieder mehr und mehr in der Öffentlichkeit auf, und als 1830 Revolutionen in ganz Europa und vor allem in Gestalt des griechischen Unabhängigkeitskriegs sowie des polnischen „Novemberaufstands" ausbrachen, profitierte davon insbesondere die deutsche Burschenschaftsbewegung. Auf dieser neuen Grundlage war es möglich geworden, im Mai 1832 mit dem Hambacher Fest eine mächtige, 30 000 Menschen verschiedener politischer und sozialer Herkunft umfassende Protestveranstaltung mitzuinitiieren, auf der nicht nur den Forderungen der unzufriedenen Pfälzer, die mit dem Herrschaftsantritt des pfälzischen Wittelsbachers Karl Theodor 1777 in Bayern mit dem Herzogtum vereinigt worden waren, sondern auch liberalen Anliegen und vor allem dem Streben nach nationaler Einheit Ausdruck verliehen werden konnte. Der Versuch der Studenten unter den Kundgebungsteilnehmern jedoch, den oppositionellen Schwung des Hambacher Festes zu nutzen und im April 1833 die Frankfurter Wache zu stürmen, um so die Eroberung der Bundeshauptstadt und eine deutsche Revolution einzuleiten, scheiterte kläglich und zog brutale Unterdrückungsmaßnahmen nach sich. Des ungeachtet konnte man bereits wenige Jahre später erneut studentische Zusammenschlüsse, zunächst noch als Lesevereine getarnt, bald aber wieder offen als Burschenschaften agierend, entstehen sehen.

Ende der Dreißigerjahre setzte auch der Wiederaufschwung der Turnvereine ein, die es noch im fünften Jahrzehnt des 19. Jahrhunderts auf eine Gesamtmitgliederzahl von 90 000 brachten, in Turnerzeitschriften ihre politischen Forderungen und Ziele artikulierten und große Aufmärsche und Feste organisierten, auf denen zunehmend schwarz-rot-goldene Fahnen und Eichenlaub als Symbol allen Deutschtums auftauchten. Im Gegensatz zu den Burschenschaften sprachen die Turnvereine in ihrer sportlich-egalitären Ausrichtung alle gesellschaftlichen Schichten an, was sie vor neuerlichen Repressalien aber nicht schützte.

Unterstützung erfuhren Burschenschaften und Turner- und Sängervereine durch zahllose weitere Zusammenschlüsse, die aufgrund ihrer ganz speziellen Interessenausrichtung zur Heimstätte des Gedankens einer nationalen Einheit geworden waren: Vereine von Land- und Forstwirten, von Lehrern und Professoren, von Ärzten und von Wirtschaftsvertretern hielten ihre Kongresse, Versammlungen und Jahrestagungen so ab, dass davon ein möglichst unüberhörbares politisches Signal ausging.

Die Rolle der Schriftsteller der Romantik und des „Jungen Deutschland"

Bei aller Verschiedenheit in ihrer Analyse der politischen und gesellschaftlichen Gegenwart, so waren die Schriftsteller der kritischen Bewegung des „Jungen Deutschland" auf der einen und die Vertreter der Romantik auf der anderen Seite sich doch einig darin, Anstrengungen zur Gründung eines einheitlichen deutschen Nationalstaats zu unterstützen. Vor allem in der Literatur jungdeutscher Autoren wie Heinrich Laube, Karl Gutzkow, Georg Herwegh oder auch Georg Weerth findet sich an zahlreichen Stellen nationales Gedankengut – ein wesentlicher Grund für das Verbot solcher Schriften durch die Bundesversammlung im Jahr 1835. Für die literarische Romantik sind unter anderem Achim von Arnim, Novalis und Clemens Brentano zu nennen: Die Romantiker, ohnehin das Phantastische, Mythische und Imaginäre der Aufklärung und aller Rationalität vorziehend, verklärten in sehr selektiver Wahrnehmung alte Traditionen und Lebensformen wie die vornehmlich mittelalterliche Vergangenheit des Heiligen Römischen Reiches überhaupt zum Abbild eines zumeist nicht näher bezeichneten Volksgeistes, der eine gesamtdeutsche Kulturnation definiere, deren organisatorischer Überbau wiederum ein alle Deutschen beheimatender und gerne nach dem monarchisch-konstitutionslosen Prinzip aus der Vergangenheit regierter Nationalstaat sein solle. Auch wenn diesen Literaten und Intellektuellen durch die größere Breitenwirksamkeit schulischer Bildung, die Ausdehnung des Buchmarktes und bessere Vertriebsbedingungen eines zunehmend moderner und schrankenloser wirtschaftenden Marktes eine größere Leserschaft als früheren Autoren zur Verfügung stand, so war ihr Einfluss doch letztlich gering. Die Anreicherung des Begriffes der Deutschen vom eigenen Volkstum mit der Vorstellung besonderer Kulturalität jedoch verantworteten sie mit – und mit ihr die fatale Auffassung von unterschiedlichen Qualitäten und letztlich verschiedener Wertigkeit der Völker.

5 Karikatur zur Situation des „deutschen Michel" zur Zeit des Napoleons, gegenüber den deutschen Mächten, symbolisiert durch Metternich (Österreich), einen Kosaken (Russland), ein Soldat (Frankreich) und eine Bulldogge (Großbritanien). Im Hintergrund befindet sich der besiegte Napoleon. Kolorierte Zeichnung ca. 1841.

Der Durchbruch des deutschen Nationalismus zum Massenphänomen: Die „Rheinkrise" und der Konflikt mit Dänemark

Der musikalische Ausruf „Sie sollen ihn nicht haben, den freien deutschen Rhein" des Dichters Nikolas Becker und Ernst Moritz Arndts ungleich aggressiveres Kampflied „Zum Rhein! Übern Rhein! All-Deutschland in Frankreich hinein!" stehen, wenn man sie in ein Kontrastverhältnis mit der Begeisterung auf deutschem Boden angesichts der griechischen und polnischen Freiheitsbemühungen im Jahre 1830 stellt, stellvertretend für die Janusköpfigkeit des deutschen Nationalismus. So war die transnationale Solidarität mit Vertretern eines fremdländischen Nationalismus so lange kein Problem, wie dieser Nationalismus hinsichtlich seiner realpolitischen Potenz noch in den Kinderschuhen steckte und weit davon entfernt war, die Expansionskraft der deutschen Nation mit eigenem Expansionsstreben zu hemmen. Bereits etablierte Nationalstaaten indes galten aufgrund der dem Nationalismus eigenen Tendenz zur Frontstellung nach außen als von Grund auf gefährlich und mussten, sobald sie sich ihrerseits im Sinne eines eigenen nationalstaatlich bedingten Machtstrebens artikulierten, heftige Überreaktionen gewärtigen.

Dieses Prinzip lässt sich für eine außenpolitische Krise ein Jahrzehnt nach jener Woge an Solidarität für Griechen und Polen feststellen, als in Frankreich infolge mehrerer außenpolitischer Niederlagen vor allem bei Gegnern des „Bürgerkönigs" Louis Philippe, darüber hinaus aber auch in großen Teilen der übrigen Bevölkerung das Bedürfnis danach wuchs, auf der europäischen Bühne in Erinnerung an Napoleon I. wieder einmal Stärke zu zeigen. Ein Massenkult um den toten „Kaiser der Franzosen" entstand. Dieses Wiederaufleben des Bonapartismus fand seinen äußerlichen Höhepunkt in der feierlichen Rückholung der sterblichen Überreste Napoleons von St. Helena und führte dazu, dass der französische Ministerpräsident Adolphe Thiers (1797–1877) in seinem Streben nach Prestigeerfolgen und unter Bezugnahme auf die Einnahme des linken Rheinufers durch Frankreich während der Französischen Revolution die Rheingrenze einforderte. Die daraufhin in Deutschland entstehende Konfrontationsbereitschaft erfasste alle sozialen Schichten und wurde lautstark, auch durch frankophobe Lieder wie die bereits genannten, zum Ausdruck gebracht – in ihrer Intensität spiegelte sich darin das Aggressionspotenzial eines massentauglich gewordenen Nationalismus wider, der außenpolitische Konflikte nicht mehr als eine Sache diplomatischer Verhandlungskunst, sondern zuerst als die Beleidigung der anerkanntermaßen wichtigsten religiösen Instanz, nämlich der Nation, begriff. In der Folge dieser so genannten Rheinkrise begannen deutsche Regierungen, den Hass auf Frankreich gewissermaßen zur Bürgerpflicht und zum Ausweis der verlässlichen Nationsgenossenschaft des Einzelnen zu erheben. Die vor allem seit den Napoleonischen Kriegen immer wieder gefühlte Feindschaft gegenüber den Nachbarn im Westen war damit sanktioniert, der Auffassung von der „Erbfeindschaft" eine staatliche Legitimationsgrundlage verliehen worden. Der Nationalismus-Experte Hans-Ulrich Wehler sieht vor diesem Hintergrund in der „Rheinkrise" von 1840 den entscheidenden Markstein auf dem Weg zur Entstehung des Nationalismus als Massenphänomen in Deutschland.

Eine ähnliche Funktion kommt den kriegerischen Auseinandersetzungen mit Dänemark gegen Ende der Vierzigerjahre zu, die sich an der Frage der Rechtsstellung der Herzogtümer Schleswig und Holstein entzündeten: Aufgrund des Vertrags von Ripen aus dem Jahre 1460 waren die Herzogtümer Schleswig und Holstein „up ewig ungedeelt", wobei der dänische König sowohl Herzog von Schleswig als auch Herzog von Holstein war. In letzterer Funktion war der dänische König zugleich Fürst des Deutschen Bundes. Die nationalistische „Eiderdänische Bewegung" versuchte mittels einer neuen Verfassung, das Herzogtum Schleswig als solches aufzulösen und in den zentralistischen dänischen Nationalstaat zu integrieren. Mit Unterstützung des Königs Christian VIII. sollte so ein „geeintes" dänisches Königreich bis zur Eider entstehen. Solchen Plänen trat die deutsche Bevölkerung der

6 **Karikatur zur „Erhebung" des „deutschen Michel" gegen Unterdrückung und Ausbeutung durch fremde Mächte, Kolorierte Zeichnung ca. 1841.**

beiden Herzogtümer empört entgegen: Umzüge, Großkundgebungen, Vorträge wichtiger Persönlichkeiten des öffentlichen Lebens wie des Historikers Johann Gustav Droysen, Feste und Vereine dienten ebenso wie Demonstrationen der Unterstützung der deutschen Position. Die Empörung schwappte über und mündete 1848 in den ersten deutsch-dänischen Krieg, als König Christian VIII. eine Gesamtstaatsverfassung für Dänemark ankündigte, die Schleswig, jedoch nicht Holstein einschließen und damit eine Aufhebung des Grundsatzes von Ripen vornehmen sollte, woraufhin die schleswigschen Stände eine provisorische Landesregierung bildeten. Die Paulskirchenversammlung in Frankfurt erklärte den Konflikt zur Angelegenheit der deutschen Nation, und zum Schutz der provisorischen Regierung in Schleswig stellten sich alsbald preußische Truppen ein. Um jedoch eine nachhaltige Verschiebung der Mächtekonstellation in Europa zu verhindern, erzwangen Russland, England und Frankreich bereits im August 1848 einen Waffenstillstand, dem mit den Londoner Protokollen erst Jahre später eine endgültige Regelung folgte, die sowohl den Verbleib bei Dänemark als auch die Selbstständigkeit der beiden strittigen Herzogtümer besiegelte. Am Ende aber hatte die langwierige und kriegerische Auseinandersetzung ähnlich wie die „Rheinkrise" das Vermögen der neuen Ideologie unter Beweis gestellt – nämlich nicht nur ein Häuflein Intellektueller, sondern zahlreiche Freiwillige aus den deutschen Staaten zu mobilisieren. Diese Mobilisierungskraft sollte erneut und in voller Wucht während der revolutionären Ereignisse der Jahre 1848 und 1849 sowie im Zuge der italienischen Einigung zum Tragen kommen.

Die Revolution von 1848/49

Die Revolution von 1848/49 stellte ein riesiges Forum für die Artikulation nationalen Gedankenguts dar – eine entscheidende Zäsur in der Entwicklung des Nationalismus ist sie jedoch nicht. Bereits Ende Februar 1848 forderten liberale Demonstranten in Süddeutschland Pressefreiheit und ein gesamtdeutsches Parlament, doch ignorierten die Souveräne dieses revolutionäre Wetterleuchten vorerst. Wenige Tage nach der ersten Erhebung in Wien, die zum Rücktritt Metternichs als der Symbolfigur der Reaktion und Repression führte, am 18. März, kam es auch in Berlin zu Ausschreitungen. Ende März bildete sich jenes als „Vorparlament" bekannt gewordene Gremium, das die Berufung einer Nationalversammlung zur Beratung einer gesamtdeutschen Reichsverfassung beschloss. Diese Nationalversammlung wurde schließlich am 18. Mai in der Frankfurter Paulskirche eröffnet, einigte sich nach langen Debatten auf ein künftiges Deutschland unter Ausschluss Österreichs und erarbeitete binnen eines knappen Jahres eine Verfassung, die nie in Kraft treten sollte. Endgültig gescheitert war die Revolution, als Friedrich Wilhelm IV. von Preußen die durch die Frankfurter Paulskirchenversammlung vorgenommene Wahl zum deutschen Kaiser ablehnte und auf die angebotene Krone verzichtete.

Das Hauptproblem der Revolutionäre von 1848/49 bestand darin, dass nicht nur für einen Verfassungsstaat und soziale Reformen gestritten werden musste, sondern gleichzeitig auch für einen einheitlichen Nationalstaat. Dass dieser nicht bestand gestaltete das revolutionäre Unterfangen insofern kompliziert, als es keine zentralen Orte und Institutionen gab, wo sich die Revolution entscheiden oder allgemeinverbindlich zum Ausdruck bringen lassen hätte, sondern lediglich die 39 völlig unterschiedlichen Staaten des Deutschen Bundes. Hier stieß der Nationalismus also schlichtweg auf ein großes artikulationsstrategisches Hindernis. Ein weiteres Problem brachte die internationale politische Konstellation mit sich, die zu der Einschätzung führen musste, dass eine großdeutsche Lösung von den europäischen Nachbarn kaum akzeptiert werden würde. In dieser Situation zeigte sich der deutsche Nationalismus ebenso wie seine Propagandisten lernfähig und zur Selbstbeschränkung in der Gestalt des Ausschlusses Österreichs in der Lage, wie er von der Nationalversammlung mit nur knapper Mehrheit beschlossen wurde. Diese Entscheidung wurde den Abgeordneten insofern erleichtert, als die Habsburgermonarchie einer

Teilung ihres Territoriums in einen deutschen und einen nichtdeutschen Teil auf keinen Fall zuzustimmen bereit war, ein Einschluss des ethnisch heterogenen Gesamtösterreich aber einen innernationalen Krieg zwischen Preußen und Österreich um die Vormachtstellung in dem entstandenen territorialen Koloss erwarten ließ.
Schließlich hatten Preußen und Österreich jeweils für sich einen Vorschlag zur Errichtung eines Nationalstaats von oben parat, um die Revolution zu beenden und Synergieeffekte für das eigene Fürstenhaus zu nutzen. Preußen plante einen kleindeutschen, preußisch geführten Bundesstaat mit Verfassung und gewähltem Parlament und die Verbindung mit Österreich in einem weiteren Bund. Das noch 1849 abgeschlossene Dreikönigsbündnis mit Sachsen und Hannover und die Einberufung eines Unionsparlaments in Erfurt zur Beratung einer Verfassung im Jahre 1850 stellten erste Schritte in die Richtung einer solchen Fürstenunion dar. Gegen diese Entwicklung leistete der habsburgische Ministerpräsident Fürst Schwarzenberg vehementen Widerstand: Mit russischer Hilfe erzwang Österreich im Vertrag von Olmütz die Wiederherstellung des Deutschen Bundes mit der Bundeshauptstadt in Frankfurt am Main und unter seiner Führung, nachdem auch Schwarzenbergs Plan eines riesigen multinationalen Staatenbundes sich als realitätsfremd erwiesen hatte.

Die italienische Einigung als Vorbild

Der komplexe Prozess der italienischen Einigung, der seinen formalen Abschluss 1861 mit der Erhebung des piemontesischen Königs Viktor Emanuel zum König von Italien fand, vollzog sich unter dem propagandistischen Schlagwort des „Risorgimento". Diese Devise der nationalen „Wiedergeburt" brachte den Anspruch des italienischen Nationalismus auf die Wiedererlangung der einstigen Größe und des einstigen Ruhmes des antiken römischen Weltreichs sinnfällig und ausgesprochen werbewirksam zum Ausdruck, sodass die italienische Risorgimento-Bewegung zum Vorbild für vergleichbare nationale Bemühungen in Deutschland wurde. Vorerst aber hatten die epochalen Veränderungen im Süden Europas aufgrund der maßgeblichen Beteiligung Frankreichs zwiespältige Reaktionen in den deutschen Bundesstaaten zur Folge: Dem Ruf nach einem Eingreifen des Deutschen Bundes zugunsten Österreichs und zur Bekämpfung des offenkundig expansiv tätigen Frankreich stand die Meinung einer wortmächtigen Fraktion gegenüber, in der so verschiedenartige Geister wie Ferdinand Lassalle und Otto von Bismarck zusammenfanden und die die Gunst der Stunde für eine endgültige Durchsetzung der preußischen Vorherrschaft in Deutschland zu nutzen empfahl. So schwer der Vorgang der italienischen Einigung wegen seiner besonderen französischen und antiösterreichischen Note auch vielen Vertretern der deutschen Nationalbewegung im Magen lag, so war der massive Gewichtsverlust, den die Habsburgermonarchie zunehmend erlitt, doch derart unübersehbar, dass sich eine kleindeutsche und damit preußische Lösung der Frage der deutschen Nationalstaatswerdung regelrecht aufzudrängen schien.
Unabhängig von diesen außenpolitischen Bedenken fungierten die italienischen Vorgänge nördlich der Alpen aber freilich in vielfacher Weise als Vorbild: So entstand nach dem Muster der italonationalistischen Propagandazentrale „Società Nazionale" 1859 der kleindeutsch orientierte „Deutsche Nationalverein", der binnen kurzem auf eine stattliche Zahl an Mitgliedern anwuchs und hinsichtlich seines Einflusses den großdeutschen „Konkurrenzverein", den 1862 gegründeten „Deutschen Reformverein", um ein Vielfaches übertraf, und auch die politischen Akteure Cavour und Garibaldi gaben wie einst Napoleon eine Projektionsfläche ab für den deutschen Wunsch nach einem charismatischen Einheitsstifter. Überhaupt stellten sich die Fünfziger- und Sechzigerjahre als eine Hochzeit nationaler Begeisterung dar, zu der sich die italienische Einigung als verstärkendes, wenn nicht sogar initiatives Element verhielt: Zahlreiche Feste wie etwa die Schillerfeste des Jahres 1859, das Sängerfest in Nürnberg 1861 oder das Kölner Dombaufest von 1863 arteten zu nationalen Kundgebungen aus, deren Publikumswirksamkeit aufgrund der verbesserten medialen Möglichkeiten bedeutend erhöht werden konnte. Federführend waren dabei Intellektuelle, die die neuen Multiplikations- und Verbreitungsmittel geschickt handzuhaben verstanden und sich darüber zu wichtigen „opinion makers" in deutschen Landen aufschwingen konnten.

Die „borussische" Schule

Diese Intellektuellenelite setzte sich aus Publizisten, Schriftstellern und Wissenschaftlern zusammen, unter denen die Historiker der so genannten „borussischen Schule" – „Borussia" ist der lateinische Name für Preußen – die Wort- und Meinungsführerschaft innehatten. Die wichtigsten Persönlichkeiten innerhalb der akademischen Crème der „Borussen" wiederum waren Johann Gustav Droysen (1808–1884), Theodor Mommsen (1817–1903), Heinrich von Sybel (1817–1895) und Heinrich von Treitschke (1834–1896), denen in ihrem wissenschaftlichen Arbeiten die Absicht gemeinsam war, politisch-propagandistisch zu wirken und die jeweils einer Analyse unterzogenen historischen Vorgänge auf die Gegenwart des 19. Jahrhunderts zu übertragen. In diesem Zusammenhang wurde von den „borussischen" Historikern eine geradlinig und scheinbar notwendig verlaufene „deutsche Geschichte" mit dem kleindeutschen Nationalstaat als natürliches Ergebnis konstruiert, innerhalb derer die „Befreiungskriege" gegen Napoleon zum Spiegelbild der Volkseinheit, das sie nie waren, und Preußen zum Träger einer besonderen nationalen Berufung avancierten. Im Gefolge dieses Konstrukts wurde auch ein Religionsstreit ausgetragen, bei dem Preußen als Vormacht des Protestantismus zum Garanten der modernen Freiheitsidee erhoben wurde, die es, so die Argumentation der „Borussen", gegen den militanten habsburgischen Katholizismus zu verteidigen gelte.
Solchen Wirkungsabsichten entsprechend, liest sich Droysens „Geschichte des Hellenismus" als Plädoyer gegen die kulturell hochstehenden griechischen Stadtstaaten und für die makedonische Militärmonarchie, die in deutlicher Analogie zur preußischen Militärmonarchie steht, der Droysen in seiner gigantischen, jedoch lediglich bis 1756 reichenden „Geschichte der preußischen Politik" die erwähnte providentielle Führungsaufgabe zuweist, und auch Theodor Mommsen deutet in seinem Mammutwerk zur römischen Geschichte, für das er 1902 den Literaturnobelpreis erhielt, den Aufstieg Roms als von den politischen Akteuren bewusst erstrebten und gesteuerten Prozess der nationalen Einigung. Den jüngeren Heinrich von Treitschke bezeichnet Hans-Ulrich Wehler als den „Hohepriester des Borussismus" – er

behauptete in seinen Schriften vehement die Notwendigkeit eines preußisch geführten und tendenziell kriegerisch-expansiven Nationalstaates. Heinrich von Sybel schließlich ist heutigen Geschichtsstudenten vor allem als Begründer der „Historischen Zeitschrift" und in Verbindung mit der „Sybel-Ficker-Kontroverse" bekannt, in der der Gelehrte vor dem Hintergrund des Italienischen Kriegs von 1859 gegen seinen Kollegen, den katholischen Mediävisten Julius Ficker, die mittelalterliche deutsche Italienpolitik als Vergeudung von für die Staatskonsolidierung und die Ostkolonisation notwenigen Kräften der „deutschen Nation" geißelte und die Gelegenheit dazu nutzte, Preußen als nationales Gravitationszentrum gegenüber dem verzweifelt Italienpolitik betreibenden Österreich herauszustellen. Seine Geschichte der „Begründung des Deutschen Reiches durch Wilhelm I." untermauerte den Anspruch auf eine nationale Vorreiterrolle Preußens retrospektiv.
Gegen dieses in den Medien und in der politischen Diskussion der Zeit ungemein präsente Quartett hatten großdeutsch – und das hieß meist auch: katholisch – argumentierende Publizisten wie der Führer der „Bayerischen Patriotenpartei" im bayerischen Landtag Edmund Jörg (1819–1901) oder der Gymnasiallehrer Onno Klopp (1822–1903) keine Chance: Zu souverän verstanden es die „Borussen", sich zu Meinungsmachern und -führern zu stilisieren, und zu suggestiv war die scheinbare Bestätigung ihres preußisch-monozentrischen Geschichtsbildes durch die Siege über Österreich 1866 und über Frankreich 1870/71. Vor allem mit dem Sieg von 1866 war die großdeutsche Tradition des Heiligen Römischen Reiches Deutscher Nation und des Deutschen Bundes endgültig von der kleindeutschen Lösung der Nationalstaatsfrage verdrängt worden, und die pompös inszenierte Reichsgründung vom 18. Januar 1871 schien der „borussischen" Theorie von einem teleologischen Prozess hin zur Nationalstaatswerdung unter preußischer Führung eindrucksvoll Recht zu geben. Der 18. Januar 1871 steht auch für den Erfolg des nach lang andauernder Abneigung zustande gekommenen Bündnisses zwischen dem Liberalismus beziehungsweise der Nationalidee auf der einen und Otto von Bismarck mit seinen großpreußischen Plänen auf der anderen Seite. Droysen, Mommsen, Sybel und Treitschke, die „Medienstars des 19. Jahrhunderts" (Harald Biermann), konnten ihrem Publikum nun erst recht orakelgleich und als die Treuhänder der historischen Wahrheit gegenübertreten. Die von ihnen gezeichneten Geschichtsbilder beeinflussen das Verständnis von der historischen Vergangenheit in Deutschland bis in die heutige Zeit hinein.

7 Theodor Mommsen (1817–1903).

Der „Reichsnationalismus"

Mit der Errichtung des „Kaiserreichs" und dem Wegfall des ursprünglichen Ziels der Nationalstaatsgründung war die Basis geschaffen für die Entwicklung eines neuartigen Nationalismus, des so genannten Reichsnationalismus, der sich vor allem seit der konservativen Wende in der Politik Bismarcks Ende der Siebzigerjahre anschickte, den alten und noch immer liberal geprägten Nationalismus zu verdrängen. Seine Aufgabe musste es sein, für den Rahmen des Nationalstaats nunmehr auch eine kleindeutsche Nation zu schaffen, die es aufgrund der bestehenden regionalen oder dynastischen Bindungen in der erwünschten Einheitlichkeit noch nicht gab. Äußere Faktoren wie die Krise von 1873, vor allem aber konkurrierende Loyalitätsbindungen bei den ethnischen Minderheiten und in Süddeutschland gegenüber dem eigenen Bundesstaat, wie sie aufgrund der preußenzentrierten Reichskonzeption emotional und darüber hinaus auch formal weiterbestanden, gestalteten diese Aufgabe schwierig. Die „Landesbürgerschaft" galt als Voraussetzung für den Erwerb der Staatsbürgerschaft, und in deutschen Personalausweisen war man als Bayer, Preuße, Sachse oder Badener und nicht als Deutscher verzeichnet. Der Reichsnationalismus trat indes gleichsam kompensatorisch als neue gesellschaftliche Identifikationsgröße auf. Er beinhaltete nicht nur pangermanistische Expansionsideen, rassistischen Antisemitismus, eine dümmliche Überlegenheitsdoktrin und eine rigide Germanisierungspolitik gegenüber Minderheiten, sondern hatte sich gegenüber dem Nationalismus ursprünglicher Prägung auch substanziell verändert: Zum einen war es ihm gelungen, ein System der weitgehend unumschränkten Fürstenherrschaft, dessen Verfassung mit den liberalen Forderungen nach einem echten Parlamentarismus und nach einer Garantie von Grundrechten wenig zu tun hatte, als die zentrale Legitimationsbasis des neuen Reiches zu installieren und als zusätzliches Identifikationselement einen ausgeprägten Militarismus einzuführen, der erst recht durch die kriegerischen Erfolge Bismarcks hoffähig geworden war und dem frühliberalen Gedanken vom friedlichen Miteinander der Völker grundlegend widersprach. Bismarck selbst und mit ihm Wilhelm I. galten dem Reichsnationalismus als charismatische Gründerväter des Kaiserreiches und erfuhren dementsprechend noch zu Lebzeiten eine Überhöhung zu von der Vorsehung gesandten Einheitsstiftern, wie sie beispielsweise in einem regelrechten Skulpturenboom in ganz Deutschland – meist stellte man Bismarck und Wilhelm in großer Geste einander gegenüber auf zentralen Plätzen auf – zum Ausdruck kam. Hatte der Nationalismus schon immer eine linear verlaufene, mit allerlei Regenerations- und Erlösermythen ausgestaltete „deutsche Geschichte“ konstruiert, so wurde nun das Jahr 1871 als Endpunkt dieser Geschichte dem Bestand des kollektiven Geschichtsgedächtnisses hinzugefügt – so wie die „Machtergreifung“ von 1933 als Moment historischer Erfüllung in das nationalsozialistische Geschichtsbild Aufnahme fand.

Ein weiteres Element, das den Reichsnationalismus vom Nationalismus liberalen Zuschnitts abhebt, liegt in dem veränderten gesellschaftlichen, wirtschaftlichen und sozialen Bedingungsgefüge des letzten Jahrhundertdrittels begründet: Mit der Reichsgründung waren ein riesiger einheitlicher Wirtschaftsraum und neue ökonomische Möglichkeiten entstanden, die zusammen mit technischen Neuerungen eine Wohlstandssteigerung ermöglichten und die Entstehung von reichsübergreifenden, sich ohne regionalen Bezug definierenden gesellschaftlichen Schichten wie der Arbeiter- oder der Unternehmerschicht förderten. Beides, die Steigerung des individuellen Wohlstandes ebenso wie der Verlust regionaler Bezüge in der Eigenwahrnehmung der Menschen, stärkte den Reichsnationalismus in seinem Unterfangen, eine homogene und neue „Reichsgesellschaft“ zu produzieren, deren primäre Identifikationsgrundlage das scheinbar gemeinsame Band der Nation und des Nationalstaats bilden sollte. Vor dem Hintergrund dieses Ziels wurden alle Räume menschlicher Kommunikation – Familien, Schulen, Universitäten, Vereine und Medien – mit dem Gedanken der gemeinsamen und nach außen abzuschottenden Volks- und Kulturnation durchdrungen. Dem entspricht, dass der Reichsnationalismus eine zunehmend radikaler werdende Abgrenzung gegenüber Oppositionellen oder als außerhalb der Nation stehend betrachteten Gruppen vornahm: Das betraf zunächst die einem proletarischen Internationalismus verpflichteten Sozialisten, dann die ethnisch außen vor stehenden Minderheiten der Polen, der Elsass-Lothringer und der Dänen und schließlich das vom Glauben an die eigene religiöse Auserwähltheit geprägte deutsche Judentum. Der Umstand, dass ein nicht unerheblicher Teil der deutschen Juden sich um die Integration in den exklusiven Staatsbürgerverband bemühte, während der Rest seine religiöse Identität der nationalen Definition des Deutschtums nicht zu opfern bereit war, führte zu einer Spaltung des deutschen Judentums. Der aggressiven Wucht eines radikalisierten Nationalismus gegenüber vermochten jedoch auch die integrationswilligen Juden kaum zu widerstehen: Bereits 1886 forderte die „Deutsche Antisemitische Vereinigung“ als eine von mehreren antisemitischen Parteien, die in den Siebziger- und Achtzigerjahren entstanden, die Sicherung der „ethnischen Reinheit“ aller „Deutschen“ durch die „Ausscheidung“ aller Juden.

Die rücksichtslose Durchsetzung des Deutschen zur reichsweiten Amts-, Geschäfts- und Unterrichtssprache unter weitgehender Nichtbeachtung kultureller Eigenständigkeiten von Minderheiten, die propagandistische Ausgestaltung der Person des Kaisers zu einem über allen regionalen Prägungen stehenden, anlässlich groß zelebrierter „Kaisergeburtstage“ zu ehrenden Reichsmonarchen und der Bau gigantomanischer nationaler Denkmäler wie des Völkerschlachtdenkmals bei Leipzig oder des Kyffhäuserdenkmals stellten weitere Mittel zur Transformation der Deutschen zu einer einheitlichen Nation dar; eine ähnliche Funktion kam der immer unübersehbarer werdenden nationalen Symbolik zu, die ihren Ausdruck in dem anstelle der fehlenden Nationalhymne gesungenen Lied „Heil dir im Siegerkranz“, in der eine Nationalflagge ersetzenden schwarz-weiß-roten Flottenflagge oder in der Einführung des „Sedanfestes“ zur Erinnerung an den Sieg über Frankreich fand. An den massenhaft errichteten Kriegerdenkmälern war es jeder noch so kleinen Dorfgemeinschaft möglich, ihrer im Krieg von 1870/71 Gefallenen zu gedenken und anlässlich solch postumer Heroisierung die eigene Treue gegenüber dem „Vaterland“ und die uneingeschränkte Einsatzbereitschaft dafür neu zu beschwören.

8 **Anton von Werner, Kaiserproklamation in Versailles**, Ölgemälde, 1885. Das Bild wurde als Geburtstagsgeschenk für Bismark angefertigt – es handelt sich um die so genannte „Friedrichsruher Fassung“.

Was die deutsche Sozialdemokratie und den politischen Katholizismus anbelangt, so sahen sie sich aus dem Kaiserreich von 1871 zunächst ausgeschlossen: Die Katholiken hatten mit der Niederlage ihrer Schutzmacht Österreich gegen das protestantische Preußen im Krieg von 1866 bereits einen ersten großen Rückschlag erfahren, und auch der Kampf des preußisch dominierten Nationalstaats gegen die meist katholischen Minderheiten war mit den Grundsätzen der 1870 gegründeten Deutschen Zentrumspartei nicht vereinbar. Diese Oppositionshaltung gegenüber der Politik Bismarcks gipfelte in der als „Kulturkampf" bezeichneten, die Innenpolitik des Reiches über ein Jahrzehnt hinweg dominierenden Auseinandersetzung, in deren Zusammenhang eine breite antikatholische Koalition den politischen Einfluss des ultramontanen Zentrums und des Papsttums zurückzudrängen versuchte und die Mitglieder des Zentrums zu Reichsfeinden stilisierte. Gerade dieser Ausschluss aus der gedachten Nation führte zu einer kühlen Reserviertheit katholischer Bevölkerungskreise gegenüber dem Reich und seinen Repräsentanten. Auf der Basis dieser Reserviertheit war es dem Zentrum möglich, seine Position und seinen Einfluss nicht nur zu konsolidieren, sondern auch noch auszubauen: Bei den Reichstagswahlen des Jahres 1874 kam es auf einen Stimmenanteil von 27,9 %, und als Bismarck notgedrungen Ende der Siebzigerjahre einen versöhnlicheren Kurs einschlug und sich dem Kampf gegen die Sozialdemokratie zuwandte, war der politische Katholizismus gestärkt aus dem „Kulturkampf" hervorgegangen. Eine Annäherung an das Reich und das Konstrukt von der einheitlichen Nation konnte nun erfolgen.

Auch die deutsche Sozialdemokratie wurde durch zahllose Repressalien und das „Sozialistengesetz" von 1878 über viele Jahre hinweg aus der Nation verbannt und bekämpft. Ein Heer von Arbeitern sah sich dadurch mit dem Stigma der „Vaterlandslosigkeit" belegt und verharrte in Opposition gegenüber dem Nationalstaat. Wie im Falle des Zentrums, so erwies sich die massenhafte Exklusion auch für die SAP letztlich als Bündelungseffekt, der zu einer zunehmenden Stärkung der Partei beitrug, wie sie in den wachsenden Stimmenanteilen bei den Reichstagswahlen seit 1881 zum Ausdruck kam. Doch auch nach dem Ende des „Gesetzes gegen die gemeingefährlichen Bestrebungen der Sozialdemokratie" im Jahre 1890 waren die Sozialisten weit davon entfernt, gastfreundliche Aufnahme in den gedachten Raum der deutschen Nation zu finden, und wurden weiterhin als „Reichsfeinde" diffamiert. Erst der Erste Weltkrieg erbrachte einen Annäherungsschub und eine umfassendere Solidarisierung der Sozialdemokraten mit dem Nationalstaat: Am 4. August 1914 bewilligte die SPD-Fraktion im Deutschen Reichstag die Kredite für den Krieg und ließ ihren Vorsitzenden Hugo Haase erklären: „Wir lassen in der Stunde der Gefahr das eigene Vaterland nicht im Stich." Jahrzehntelange Ausgrenzung führte nun aber dennoch dazu, dass die Kriegsbegeisterung in großen Teilen der Bevölkerung durchaus verhalten war und nicht den ausnahmslosen Charakter hatte, den die Propaganda nach 1914 behauptete.

Mit den „Einigungskriegen im Inneren" ging eine Vertiefung der Feindstereotypen nach außen einher, die dem frühliberalen Ziel eines friedlichen Nebeneinanders aller Nationen ein endgültiges Ende bereitete und neben den zu „Erbfeinden" gewordenen Franzosen alle slawischen Völker sowie vor dem Hintergrund der bestehenden

9 Zentrales Wandgemälde „Wiedersehen des Deutschen Reiches (1871)" von Hermann Wislicenus in der Kaiserpfalz in Goslar (1876–1897).

kolonialpolitischen Konkurrenz auch England betraf. Vom „Asiatentum" grenzte man sich dabei ebenso bewusst ab wie von den als kulturell fremdinfiltriert begriffenen „westlichen Kulturen", und die von Bismarck postulierte Auffassung von einer außenpolitischen „Saturiertheit" des Reiches wich unter Wilhelm II. einem aggressiven Imperialismus. Diese Entwicklung wurde desto mehr vertieft, je umfassender Nation und Nationalstaat sich als die zentralen Heiligtümer innerhalb der Gesellschaft durchsetzten und das Streben nach einer imperialen Großmachtstellung als natürliches Verlangen einer dermaßen „überlegenen" Nation nahe zu liegen schien.

Am Ende des Radikalisierungsprozesses seit 1871 stand schließlich ein Reichsnationalismus, der alles Üble – politische Aggression nach außen wie nach innen, Rassismus und Antisemitismus, Militarismus und Expansionismus – in sich vereinte, durch Erfolge im Bereich der Industrialisierung, der Rechts- und der Sozialpolitik gestärkt wurde und es sich so letztlich leisten konnte, internationalistische Arbeiter, widerstrebende Katholiken, zionistische Juden und identitätsbewusste Minderheiten aus dem Nationsganzen auszuschließen. Eine pseudo-wissenschaftliche Stütze solcher nationalistischer Ausschluss- und Unterdrückungsprinzipien stellte der in einem wissenschaftsgläubigen Zeitalter wie der zweiten Hälfte des 19. Jahrhunderts begeistert rezipierte Darwinismus dar, der in der Öffentlichkeit in seiner Komplexität weitgehend ignoriert und sehr schnell auf die Regel des „Survival of the Fittest" im „Struggle for Existence" reduziert wurde. Darwin selbst förderte mit seinem 1871 erschienenen Werk „The Descent of Man", in dem er den kolonialpolitischen Erfolg der Briten und den Fortschritt der Amerikaner als Beweis für die Überlegenheit der „arischen" Rasse anführte, die Übertragung seiner Lehre auf die Menschheit und ihre Transformation zum Sozialdarwinismus, mit dem sich ungezügelter Kapitalismus, Rassismus und kriegerische Expansion vortrefflich rechtfertigen ließen.

Agitationsverbände als Werbeträger des Radikalnationalismus vor dem Ersten Weltkrieg

Ein zentrales Forum für die Pflege und Verbreitung jener immer extremer werdenden nationalistischen Ideologeme stellte eine Vielzahl an Agitationsverbänden dar, die unverhohlen Superioritäts- und Weltherrschaftsansprüche stellten und vehement für eine imperialistische Aggressionspolitik eintraten. Zu einem der mächtigeren Verbände entwickelte sich in diesem Zusammenhang die 1887 aus dem „Deutschen Kolonialverein" und der „Gesellschaft für deutsche Kolonisation" entstandene „Deutsche Kolonialgesellschaft", die es in ihren mitgliederstärksten Zeiten auf knapp 40 000 Mitglieder brachte und dadurch zu einem wortgewaltigen Sprachrohr in der Politik des wilhelminischen Zeitalters wurde.

1891 vereinigten sich der „Allgemeine Deutsche Verband zur Förderung überseeischer deutsch-nationaler Interessen" und eine erst kurz zuvor entstandene Protestbewegung gegen den Tausch deutscher Kolonialansprüche auf die Insel Sansibar gegen die unter britischer Souveränität stehende Insel Helgoland zum „Alldeutschen Verband". Dieser wurde nie zu einer Massenorganisation und musste immer wieder Mitgliederschwankungen bis unter die Marke von 5 000 hinnehmen, hatte aber unter seinen Vorsitzenden Ernst Hasse (1893 – 1908) und Heinrich Claß (1908 – 1939) – und zumal er Persönlichkeiten wie den Ostafrikakolonialisten Carl Peters, den Bankier Carl von Heydt, den jungen Alfred Hugenberg und seit 1895 ehrenhalber sogar den alten Reichskanzler a. D. Otto von Bismarck zu seinen Mitgliedern zählte – durchaus politischen und medial gesteuerten Einfluss. Die Führungsämter in den Ortsvereinen bekleideten vor allem Bildungsbürger – Lehrer, Rechtsanwälte, Ärzte und hin und wieder auch Professoren. In seiner Programmatik ging der „Alldeutsche Verband" sogar noch über den wilhelminischen Radikalnationalismus hinaus, warf den Herrschaftsträgern des Reiches mangelnde Kompromisslosigkeit vor und setzte sich für einen rücksichtslosen und notfalls kriegerischen Germanisierungskampf gegen Minderheiten im Inneren wie nach außen ein mit dem Ziel, das „Deutschtum" systematisch zu verbreiten. Konkret bedeutete das ein Eintreten für die Repressionspolitik gegen die als „minderwertig" empfundenen Polen im preußisch regierten polnischen Westen, die Unterstützung deutschsprachiger Minderheiten im Ausland durch den Verband, das Plädieren für eine Expansion des Deutschen Reiches in Mittel- und Südosteuropa und die Forderung nach dem Erwerb von Kolonien, denen ein Protektoratsstatus innerhalb eines deutschen Weltreiches zugedacht war. Bei aller Limitiertheit der politischen Wirkmöglichkeiten des Verbandes: Als ideologischen Vorboten nationalsozialistischer Fantasien vom „Lebensraum im Osten" und von einer „deutschen Volksgemeinschaft" kommt den „Alldeutschen" eine wichtige Rolle zu, wie eine 1912 von Claß unter einem Pseudonym veröffentliche Kampfschrift mit dem Titel „Wenn ich Kaiser wäre" frappierend deutlich macht: Darin wird das Bild einer hierarchisch aufgebauten und totalitär geführten Volksgemeinschaft, die sich auf im Kampf erobertem Lebensraum ausbreitet und auf der Basis einer antisemitischen Gesetzgebung Juden ausschließt, als Ideal gezeichnet.

Dieses ideologische Vorbotentum trifft auch auf den „Deutschen Ostmarkenverein" zu: 1894 im Zusammenhang mit der Polenpolitik im Osten des Reiches von den drei posenschen Großgrundbesitzern Ferdinand von Hansemann, Hermann Kennemann und Heinrich von Tiedemann begründet, umfasste er 1914 über 50 000 vornehmlich „ostelbische" Mitglieder in etwa 400 Ortsvereinen und war damit ungleich stärker als der „Alldeutsche Verband". Über seine Verbandszeitschrift „Die Ostmark" verbreitete der Verein Ängste vor einer „slawischen Flut" aus dem Osten sowie eine rassistisch-völkische Überlegenheitsideologie, setzte sich für eine kompromisslose und gewaltsame Germanisierung des preußisch-polnischen Ostens auch durch „Umsiedlungen" und Enteignungen ein und ereiferte sich angesichts der als zu lax empfundenen Polenpolitik der preußischen Regierung. Auf diese hatte der „Deutsche Ostmarkenverein" aufgrund seiner Mitgliederstärke und seiner medialen Präsenz in der öffentlichen Diskussion ebenso wie auf die Parteien und die Reichsregierung einen nicht zu unterschätzenden Einfluss.

Zu einem Massenverband im Dienste des Nationalismus wurde der „Deutsche Flottenverein", der 1898 von Interessenvertretern aus Wirtschaft und Politik um den Staatssekretär im Reichsmarineamt Alfred von Tirpitz gegründet worden war und bei aller vorgeblichen Neutralität gegenüber dem Verbandswesen im Reich die besondere Protektion der Reichsbehörden genoss. Die Mitgliederstärke des „Flottenvereins" beruhte vor allem auf dem Umstand, dass ihm ganze Vereine und Verbände beitraten und er es so kurz vor dem Ersten Weltkrieg auf 1 125 000 Mitglieder brachte. Seine Mitgliederkartei liest sich stellenweise wie ein „Who is Who" des 19. Jahrhunderts: Friedrich A. Krupp, Ludwig Delbrück und Otto von Manteuffel gehörten ebenso dazu wie ranghohe Politiker und Regierungsmitglieder; Prinz Heinrich von Preußen fungierte als Protektor. Der wesentliche Programmpunkt des „Deutschen Flottenvereins" bestand in der Forderung nach dem Bau einer möglichst schlagkräftigen Schlachtenflotte, und Unterstützung erfuhr der Verein dabei von zahlreichen Gelehrten, die ihm wegen seiner schwerindustriellen Prägung zwar nicht beigetreten waren, ihm aber als umherreisende Gastredner, als „Flottenprofessoren", ideologisch zur Seite standen.

Gründungen des 20. Jahrhunderts sind der 1914 360 000 Mitglieder zählende „Deutsche Wehrverein", der angesichts des übersteigerten Flottenbaus verstärkt die Meinung vertrat, es würden in einem Krieg vor allem die Landstreitkräfte die Entscheidung herbeiführen, die man daher wieder mehr stärken müsse, und der „Reichsverband gegen die Sozialdemokratie", 1907 über 200 000 Mitglieder stark, der nach dem SPD-Erfolg bei den Reichstagswahlen 1903 ins Leben gerufen worden war und die Stigmatisierung der Sozialdemokraten als „Reichsfeinde" betrieb.

Da die Mitgliederschaft dieser nationalen Agitationsverbände vor allem bildungs- und besitzbürgerlich geprägt war, war mit ihnen eine komplette Durchdringung der Bevölkerung, auch wenn es sich um Massenvereine wie den „Deutschen Flottenverein" handelte, freilich nicht zu leisten. Diese Funktion übernahmen die unzähligen

10 Das Deutsche Reich nach 1871.

lokalen Kriegervereine, von denen es im Reich Zehntausende gab und die alle sozialen Schichten zu erfassen imstande waren, und die reichsweit organisierten Vereinigungen des „Deutschen Kriegerbundes" und des „Kyffhäuserbundes" mit 1700 000 beziehungsweise 2 900 000 Mitgliedern. Am Vorabend des Ersten Weltkriegs war der Reichsnationalismus in seiner Radikalversion damit in die entlegensten Winkel gesellschaftlicher Legitimation und Identitätsbildung vorgedrungen – derart gestärkt und ohne einen starken liberalen und demokratischen Widerpart, wie das in anderen Ländern der Fall war, sollte es ihm ein Leichtes sein, verheerende Kontinuitäten bis weit in das 20. Jahrhundert hinein zu entwickeln.

11 Johann Gottfried Herder (1744–1803, deutscher Philosoph und Dichter): Ideen zur Philosophie der Geschichte der Menschheit (1792)

Die Natur erzieht Familien; der natürlichste Staat ist also auch ein Volk, mit einem Nationalcharakter. Jahrtausendelang erhält sich dieser in ihm und kann, wenn seinem mitgebornen Fürsten daran liegt, am natürlichsten ausgebildet werden; denn ein Volk ist sowohl eine Pflanze der Natur als eine Familie, nur jenes mit mehreren Zweigen. Nichts scheint also dem Zweck der Regierungen so offenbar entgegen als die unnatürliche Vergrößerung der Staaten, die wilde Vermischung der Menschengattungen und Nationen unter einem Zepter. Der Menschenzepter ist viel zu schwach und klein, dass so widersinnige Teile in ihn eingeimpft werden könnten; zusammengeleimt werden sie also in eine brechliche Maschine, die man Staatsmaschine nennt, ohne inneres Leben und Sympathie der Teile gegeneinander. Reiche dieser Art, die dem besten Monarchen den Namen des Vaterlandes so schwer machen, erscheinen in der Geschichte wie jene Symbole der Monarchien im Traumbilde des Propheten, wo sich das Löwenhaupt mit dem Drachenschweif und der Adlersflügel mit dem Bärenfuß zu einem unpatriotischen Staatsgebilde vereinigt. Wie trojanische Rosse rücken solche Maschinen zusammen, sich einander die Unsterblichkeit verbürgend, da doch ohne Nationalcharakter kein Leben in ihnen ist [...]; denn eben die Staatskunst, die sie hervorbrachte, ist auch die, die mit Völkern und Menschen als mit leblosen Körpern spielet. Aber die Geschichte zeigt genugsam, dass diese Werkzeuge des menschlichen Stolzes von Ton sind und wie aller Ton auf der Erde zerbrechen oder zerfließen.

Aus: Johann Gottfried Herder: Ideen zur Philosophie der Geschichte der Menschheit. Bd. 1. Berlin/Weimar 1965. S. 368 f.

12 Johann Gottlieb Fichte (1762–1814, deutscher Philosoph und entschiedener Gegner Napoleons): 12. Rede an die deutsche Nation (1808)

Wir sind der Meinung, dass [...] dermalen das Geschlecht in der wahren Mitte seines Lebens auf der Erde zwischen seinen beiden Hauptepochen stehe; in Absicht des Raums aber glauben wir, dass zu allernächst den Deutschen es anzumuten sei, die neue Zeit, vorangehend und vorbildend für die übrigen, zu beginnen [...] Der belebende Odem der Geisterwelt hat noch nicht aufgehört zu wehen. Er wird auch unsers Nationalkörpers erstorbene Gebeine ergreifen und sie aneinanderfügen, dass sie herrlich dastehen in neuem und verklärtem Leben.
Es sei genug, hier den Grundquell dieser Ausländerei unter den Deutschen angegeben zu haben; wie ausgebreitet diese gewirkt, und dass alle die Übel, an denen wir jetzt zu Grunde gegangen, ausländischen Ursprungs sind, welche freilich nur in der Vereinigung mit deutschem Ernste und Einfluss aufs Leben das Verderben nach sich ziehen mussten, werden wir zu einer andern Zeit zeigen.
Schon allein darum, weil der Deutsche bisher alle Schritte der Bildung zur Vollendung gebracht und er eigentlich dazu aufbewahrt worden ist in der neuen Welt, kommt ihm dasselbe auch mit der Erziehung zu; wie aber diese einmal in Ordnung gebracht ist, wird es sich mit den übrigen Angelegenheiten der Menschheit leicht ergeben [...]
Die deutsche Nation ist die einzige unter den neueuropäischen Nationen, die es an ihrem Bürgerstande schon seit Jahrhunderten durch die Tat gezeigt hat, dass sie die republikanische Verfassung zu ertragen vermöge.

13 Werbeplakat des „Deutschen Flottenvereins".

Unter den einzelnen und besondern Mitteln, den deutschen Geist wieder zu heben, würde es ein sehr kräftiges sein, wenn wir eine begeisternde Geschichte der Deutschen aus diesem Zeitraume hätten, die da National- und Volksbuch würde, so wie Bibel und Gesangbuch es sind [...]
Alle, die entweder selbst schöpferisch und hervorbringend das Neue leben, oder [...] das Nichtige wenigstens entschieden fallen lassen und aufmerkend dastehen, ob irgendwo der Fluss ursprünglichen Lebens sie ergreifen werde, oder die [...] die Freiheit wenigstens ahnen, und sie nicht hassen, oder vor ihr erschrecken, sondern sie lieben; alle diese sind ursprüngliche Menschen, sie sind, wenn sie als ein Volk betrachtet werden, ein Urvolk, das Volk schlechtweg, Deutsche.
Sind wir bisher im Gange unserer Untersuchung richtig verfahren, so muss hierbei zugleich erhellen, dass nur der Deutsche – der ursprüngliche und nicht in einer willkürlichen Satzung erstorbene Mensch, wahrhaft ein Volk hat und auf eines zu rechnen befugt ist, und dass nur er der eigentlichen und vernunftgemäßen Liebe zu seiner Nation fähig ist.
Soll [...] die große Mehrheit aller, die die deutsche Sprache reden, keineswegs aber etwa nur die Bürgerschaft, dieses oder jenes besonderen deutschen Staats, dastehen, als ein neues Menschengeschlecht, so müssen alle deutsche Staaten, jeder für sich, und unabhängig von allen andern, diese Aufgabe ergreifen. Die Sprache, in der diese Angelegenheit zuerst in Anregung gebracht worden, in der die Hilfsmittel verfasst sind und ferner werden verfasst werden, in der die Lehrer geübt werden, der durch alles dieses hindurchgehende Eine Gang der Sinnbildlichkeit, ist allen Deutschen gemeinsam [...]
Wird unser äußeres Wirken in hemmende Fesseln geschlagen, lasst uns desto kühner unsern Geist erheben zum Gedanken der Freiheit, zum Leben in diesem Gedanken, zum Wünschen und Begehren nur dieses einigen [...]
Fragt man mich, wie dies zu erreichen sei, so ist darauf die einzige alles in sich fassende Antwort diese: wir müssen eben zur Stelle werden, was wir ohnedies sein sollten,

Deutsche. Wir sollen unsern Geist nicht unterwerfen: so müssen wir eben vor allen Dingen einen Geist uns anschaffen, und einen festen und gewissen Geist; wir müssen ernst werden in allen Dingen [...]; wir müssen, um es mit einem Worte zu sagen, uns Charakter anschaffen; denn Charakter haben und deutsch sein, ist ohne Zweifel gleichbedeutend, und die Sache hat in unsrer Sprache keinen besondern Namen, weil sie eben ohne alles unser Wissen und Besinnung aus unserm Sein unmittelbar hervorgehen soll.
Gründlichkeit, Ernst und Gewicht unsrer Denkweise wird, wenn wir sie einmal besitzen, auch hervorbrechen in unserm Leben. Besiegt sind wir; ob wir nun zugleich auch verachtet und mit Recht verachtet sein wollen, ob wir zu allem andern Verluste auch noch die Ehre verlieren wollen, das wird noch immer von uns abhängen. Der Kampf mit den Waffen ist beschlossen; es erhebt sich, so wir es wollen, der neue Kampf der Grundsätze, der Sitten, des Charakters.
Ihnen, nicht als diesen und diesen Personen in unserm täglichen und beschränkten Leben, sondern als Stellvertretern der Nation, und hindurch durch Ihre Gehörswerkzeuge, der ganzen Nation rufen diese Reden also zu:
Es sind Jahrhunderte herabgesunken, seitdem ihr nicht also zusammenberufen worden seid, wie heute [...] Endlich einmal höret, endlich einmal besinnet euch [...] Ihr sehet im Geiste durch dieses Geschlecht den deutschen Namen zum glorreichsten unter allen Völkern erheben, ihr sehet diese Nation als Wiedergebärerin und Wiederherstellerin der Welt [...] Denket, dass in meine Stimme sich mischen die Stimmen eurer Ahnen aus der grauen Vorwelt, die mit ihren Leibern sich entgegen gestemmt haben der heranströmenden römischen Weltherrschaft, die mit ihrem Blute erkämpft haben die Unabhängigkeit der Berge, Ebenen und Ströme, welche unter euch den Fremden zur Beute geworden sind. Sie rufen euch zu: vertretet uns, überliefert unser Andenken eben so ehrenvoll und unbescholten der Nachwelt, wie es auf euch gekommen ist [...] Denn sollte der deutsche Stamm einmal untergehen in das Römertum, so war es besser, dass es in das alte geschähe, denn in ein neues [...] Alle Zeitalter, alle Weise und Gute, die jemals auf dieser Erde geatmet haben, alle ihre Gedanken und Ahnungen eines Höhern, mischen sich in diese Stimmen und umringen euch und heben flehende Hände zu euch auf; selbst, wenn man so sagen darf, die Vorsehung und der göttliche Weltplan bei Erschaffung eines Menschengeschlechts [...] Ist in dem, was in diesen Reden dargelegt worden, Wahrheit, so seit unter allen neueren Völkern ihr es, in denen der Keim der menschlichen Vervollkommnung am entschiedensten liegt, und denen der Vorschritt in der Entwicklung derselben aufgetragen ist.

Aus: Spiegel Special Geschichte: Die Erfindung der Deutschen. Wie wir wurden, was wir sind, Ausgabe 1 [2007], S. 80 f.

14 Ernst Moritz Arndt: Über Volkshass und über den Gebrauch einer fremden Sprache (1813)

Ich nenne noch einiges, was unsern Vätern an ihren Nachbarn nicht gefiel und wodurch sie in Freiheit bestanden sind, weil es als entschiedene Abneigung oder Hass ihnen gegen das Eindringen des Fremden oder Ungleichen eine Schutzwehr war. – Die Italiener waren ihnen zu ernst, zu tief, zu gewaltig, zu versteckt, zuwenig äußerlich fröhlich; sie ehrten viele italienische Tugenden, aber fürchteten das dunkle südliche Gemüt, das ihnen zu mächtig und zu verborgen war. Daher Abneigung gegen sie. – Die Franzosen waren ihnen zu leichtsinnig, zu flatterhaft, zu eitel, zu unstet – auch ihre Hinterlist hatten sie zu oft erfahren – zu geschwind im Gefälligen und zu träg im Ernsten; sie deuchten ihnen kein freies und zuverlässiges, kein festes und züchtiges Volk [...] Die Welschen aber ihrerseits schalten den Teutschen als zu schwer, zu unbehülflich, zu plump, zu feierlich, zu kalt und zu unempfindlich; sie nannten seine Sitten steif und ungefällig, seinen Witz stumpf, sein ganzes Leben matt und langweilig; sie hielten ihn für dumm und kaum einem halben Menschen vergleichlich, und die meisten ihrer Nachkommen tun so bis diesen Tag. Dies, worauf ich hier hinweise, könnte man an vielen andern Völkern der vergangenen und gegenwärtigen Zeiten noch weiter zeigen, wenn es dessen bedürfte. Genug, es ist eine unumstößliche Wahrheit, dass alles, was Leben und Bestand haben soll, eine bestimmte Abneigung, einen Gegensatz, einen Hass haben muss, dass, wie jedes Volk sein eigenes innigstes Lebenselement hat, es ebenso eine feste Liebe und einen festen Hass haben muss, wenn es nicht in gleichgültiger Nichtigkeit und Erbärmlichkeit vergehen und zuletzt mit Unterjochung endigen will. Ich könnte traurig hinweisen, wodurch die letzten Jahre über Teutschland gekommen sind. Wir liebten und erkannten das Eigene nicht mehr, sondern buhlten mit dem Fremden.
Jenen Hass, den ich eben berührt habe, der aus angebornen Verschiedenheiten der Völker entspringt, mögte ich einen äußerlichen Hass nennen; innerlich wird er, wenn ein Volk sich einmal des Frevels unterstanden hat, seine Nachbarn unterjochen zu wollen: dann brennt er bei edlen Völkern unauslöschlich.
So muss bei den Teutschen jetzt der Hass brennen gegen die Franzosen, denn sie haben sich der Kühnheit erfrecht, ein Volk unterjochen zu wollen, das stärker und mächtiger wäre als sie, wenn ihre Hinterlist nicht lange schon verstanden hätte, es zu entzweien und zu zerreißen. Wir sollen die Franzosen nicht allein wegen dessen hassen, was sie uns in den letzten zwanzig Jahren Übels getan haben, nicht wegen der Greuel und Schanden allein, wodurch sie die letzten acht Jahre unsere heilige Erde entheiligt haben und noch jede Stunde entheiligen; nein, wir sollen sie hassen, weil sie schon über drei Jahrhunderte unsere Freiheit hinterlistig belauert haben, weil sie von Geschlecht zu Geschlecht rastlos und planmäßig gearbeitet haben, diese Freiheit zu untergraben, bis sie unter ihren letzten Banditenstreichen hingefallen ist. Die Franzosen sind unsere mächtigsten und gefährlichsten Nachbarn, und sie werden es bleiben [...]
Bis in den innersten Kern vergiftet war das Teutsche von dem Fremden, die ernste Männlichkeit zu Ziererei, die hohe Wahrheit zu Schmeichelei, der grade Verstand zu schiefer Albernheit verdreht. Das ist das unvermeidliche Schicksal eines Volkes, das dem Fremden bis zur Vergessenheit des Eigenen nachgebuhlt hat. Dahin waren wir Teutsche gekommen, dass wir nicht wussten, wieviel unsre Väter wert waren und wieviel wir wert sein konnten [...]
Ich will denn Hass, festen und bleibenden Hass der Teutschen gegen die Welschen und gegen ihr Wesen, weil mir die jämmerliche Äfferei und Zwitterei missfällt, wodurch unsere Herrlichkeit entartet und verstümpert und unsre Macht und Ehre den Fremden als Raub hingeworfen ward; ich will denn Hass, brennenden und blutigen Hass, weil die Fremden laut ausrufen, sie seien unsere Sieger und Herren von Rechts wegen, und weil wir das nicht leiden dürfen [...]

Ich will denn Hass gegen die Franzosen, nicht bloß für diesen Krieg, ich will ihn für lange Zeit, ich will ihn für immer. Dann werden Teutschlands Grenzen auch ohne künstliche Wehren sicher sein, denn das Volk wird immer einen Vereinigungspunkt haben, sobald die unruhigen und räuberischen Nachbarn darüber laufen wollen. Dieser Hass glühe als die Religion des teutschen Volkes, als ein heiliger Wahn in allen Herzen und erhalte uns immer in unserer Treue, Redlichkeit und Tapferkeit; er mache Teutschland den Franzosen künftig zu einem unangenehmen Lande, wie England ihnen ein unangenehmes Land ist. Die beiden Völker haben beieinander nichts zu tun, die Franzosen haben bei ihnen selbst Landes genug, wir haben es auch bei uns [...]
So bleibe denn der Hass als ein heiliger und schützender Wahn im Volke. Was durch Tugend, Wissenschaft und Kunst bei dem einen Volke in seiner Art vortrefflich ist, das Große und Menschliche, was die erhabene Einheit und Göttlichkeit der Welt ausmacht, wird darum auch dem andern Volke angehören und als Gemeingut der Menschheit von ihm angenommen und geehrt werden.

Aus: Ernst Moritz Arndt: Über Volkshass und über den Gebrauch einer fremden Sprache. Michael Jeismann / Henning Ritter [Hg.]: Grenzfälle. Über neuen und alten Nationalismus. Leipzig 1993. S. 328–330, 332, 334.

15 Grundsätze der deutschen Burschenschaft (1817)

1. Ein Deutschland ist, und ein Deutschland soll sein und bleiben. Je mehr die Deutschen durch verschiedene Staaten getrennt sind, desto heiliger ist die Pflicht für jeden frommen und edlen deutschen Mann und Jüngling, dahin zu streben, dass die Einheit nicht verloren gehe und das Vaterland nicht verschwinde.
2. Für diese Einheit Deutschlands, für dieses Vaterland sind alle diejenigen gefallen, welche, aus welchen Gauen sie auch gewesen sein mögen, in dem Rettungskampf von 1813 ihren Tod gefunden haben. Für diese Einheit Deutschlands, für dieses Vaterland haben die Edelsten aller deutschen Länder und Staaten gekämpft, durch welche Gott uns gerettet hat. Für diese Einheit Deutschlands, für dieses Vaterland sind diejenigen von uns, denen Alter und Kraft es möglich machte, die Waffen zu tragen, ins Feld gezogen, welche Farbe auch die Fahne zeigen mochte, der wir folgten. Für diese Einheit Deutschlands, für dieses Vaterland haben alle von uns, welche die Waffen noch nicht tragen konnten, mit allen frommen und ehrlichen Frauen und Jungfrauen, Greisen und Männern zu Gott um Rettung und Segen gefleht [...]

9. Wenn ein deutscher Staat von einer fremden Macht angegriffen wird, so wird Deutschland angegriffen, denn jeder Staat ist ein Teil Deutschlands. Alle deutschen Staaten sind verpflichtet, dem angegriffenen deutschen Staate zu Hilfe zu eilen, und die Frage nach der Ursache des Streits kann sie eher nichts angehen, als bis Deutschland gerettet und gesichert ist [...]

31. Das Recht, in freier Rede und Schrift seine Meinung über öffentliche Angelegenheiten zu äußern, ist ein unveräußerliches Recht jedes Staatsbürgers, das ihm unter allen Umständen zustehen muss. Dieses Recht muss das Wahlrecht des Bürgers ergänzen, wenn er die reelle Freiheit behalten soll. Wo Rede und Schrift nicht frei sind, da ist überhaupt keine Freiheit, da herrscht nicht das Gesetz, sondern die Willkür. Wer das Recht des freien Gedankenverkehrs durch Rede und Schrift den Bürgern zu entziehen, zu verkümmern und wegzukünsteln sucht, der begeht einen Frevel an seinem Volk. Über den Missbrauch der Freiheit in Rede und Schrift kann kein Buchstabe entscheiden und kein gewöhnlicher Staatsdiener, sondern nur ein Geschworenengericht, das aus gelehrten, unabhängigen und vaterländisch gesinnten Männern besteht und öffentlich vor allem Volke seine Sitzungen hält, seine Gründe entwickelt, seinen Ausspruch tut.

Aus. Hermann Haupt und Paul Wentzcke [Hg.]: Quellen und Darstellungen der deutschen Burschenschaft und der deutschen Einheitsbewegung. Bd. 4. Heidelberg 1913. S. 117–119, 124.

16 Ernst Moritz Arndt (1769–1860).

17 Georg Wilhelm Friedrich Hegel (1770–1831, deutscher Philosoph): Vorlesungen über die Philosophie der Geschichte (1830/31)

Der subjektive Wille, die Leidenschaft ist das Betätigende, Verwirklichende; die Idee ist das Innere; der Staat ist das vorhandene, wirklich sittliche Leben. Denn er ist die Einheit des allgemeinen, wesentlichen Wollens und des subjektiven, und das ist die Sittlichkeit. Das Individuum, das in dieser Einheit lebt, hat ein sittliches Leben, hat einen Wert, der allein in dieser Substantialität besteht. Antigone beim Sophokles sagt: die göttlichen Gesetze sind nicht von gestern, noch von heute, nein, sie leben ohne Ende, und niemand wüsste zu sagen, von wannen sie kamen. Die Gesetze der Sittlichkeit sind nicht zufällig, sondern das Vernünftige selbst. Dass nun das Substantielle im wirklichen Tun der Menschen und in ihrer Gesinnung gelte, vorhanden sei und sich selbst erhalte, das ist der Zweck des Staates. Es ist das absolute Interesse der Vernunft, dass dieses sittliche Ganze vorhanden sei; und hierin liegt das Recht und Verdienst der Heroen, welche Staaten, sie seien

auch noch so unausgebildet gewesen, gegründet haben. In der Weltgeschichte kann nur von Völkern die Rede sein, welche einen Staat bilden. Denn man muss wissen, dass ein solcher die Realisation der Freiheit, d. i. des absoluten Endzwecks ist, dass er um seiner selbst willen ist; man muss ferner wissen, dass allen Wert, den der Mensch hat, alle geistige Wirklichkeit, er allein durch den Staat hat. Denn seine geistige Wirklichkeit ist, dass ihm als Wissendem sein Wesen, das Vernünftige gegenständlich sei, dass es objektives, unmittelbares Dasein für ihn habe; so nur ist er Bewusstsein, so nur ist er in der Sitte, dem rechtlichen und sittlichen Staatsleben [...]
Völker können ohne Staat ein langes Leben fortgeführt haben, ehe sie dazu kommen, diese ihre Bestimmung zu erreichen, und darin selbst eine bedeutende Ausbildung nach gewissen Richtungen hin erlangt haben. Diese Vorgeschichte liegt nach dem Angegebenen ohnehin außer unserem Zweck; es mag darauf eine wirkliche Geschichte gefolgt oder die Völker gar nicht zu einer Staatsbildung gekommen sein.

Aus: G. W. F. Hegel: Vorlesungen über die Philosophie der Geschichte. In: Ders.: Werke. Hg. von Eva Moldenhauer und Karl Markus Michel. Bd. 12. Frankfurt/M. 1970. S. 56, 82.

19 **Georg Wilhelm Hegel (1770–1831).**

18 **Johann Georg August Wirth (1798–1848, deutscher Schriftsteller des Vormärz und Initiator des Hambacher Festes): Die politische Reform Deutschlands (1832)**

Mehr noch als Freiheit und nach materieller Wohlfahrt der einzelnen Provinzen verlangen [...] die entschiedenen Patrioten Deutschlands nach der politischen Einheit ihres Vaterlandes. Und in der Tat mit Recht: denn dieselbe ist eben das einzige Mittel zur Freiheit und Wohlfahrt der einzelnen Provinzen; ohne sie gibt es keine Bürgschaft für das Bestehen und Gedeihen der wahren Freiheit, ohne sie keine Aussicht zu dauerhafter Organisation des Weltteils und kein Heil für Europa! Die Feinde der Freiheit und des deutschen Volkes werfen den entschiedenen Patrioten vor, dass sie mit der „Einheit Deutschlands" selbst keinen klaren Begriff verbänden und dass eine solche Organisation des Landes auch ein Hirngespinst sei. Wir bitten diese Herren, durch die nachfolgende Entwicklung der Dinge sich von dem Gegenteil zu überzeugen. – Nicht in einem gewalttätigen Zentralisieren, also nicht darin, dass man alle deutschen Provinzen, ohne Berücksichtigung deren partikulärer Interessen, willkürlich unter den Zepter einer und derselben Regierung beugt, soll die politische Einheit Deutschlands bestehen, sondern vielmehr darin, dass die sämtlichen deutschen Stämme, vorbehaltlich der souveränen Verwaltung ihrer partikulären Angelegenheiten, durch ein natürliches unauflösbares Band verbunden werden, um für die Freiheit, Integrität und Selbständigkeit jeder einzelnen Provinz gegen die übrigen und für die Freiheit, Integrität und Souveränität des gesamten Vaterlandes gegen außen eine unerschütterliche Garantie zu erlangen. Ein solches unauflösbares Band liegt aber nicht in leeren Staatsverträgen, diktiert von den Interessen fürstlicher Familien, sondern in der Macht der Sympathie durch Verkettung der Interessen der Volksstämme. Die Natur hat schon ein inniges Band für die deutschen Stämme geschaffen, das starke Band der Sprache; die Geschichte hat dasselbe verstärkt durch einen Namen aller einzelnen Stämme und die Erinnerung an die großen Taten der Vorfahren; die Wissenschaft hat dieses Band endlich geweiht und veredelt durch die herrlichen Blüten der Literatur, die vermöge der gemeinschaftlichen Sprache zum Gemeingute aller Stämme erhoben ist und die Herzen aller mit gleichem Stolze erfüllt. Allein stärker noch als die Bande der gemeinschaftlichen Sprache, des Namens und der Literatur ist das Bindungsmittel der Interessen. So sehr auch jene Bande zur unauflöslichen Vereinigung der verschiedenen Volksstämme drängen, so werden sie doch ohnmächtig, sobald die geistigen oder materiellen Interessen der einzelnen Länder miteinander in Zwiespalt gesetzt werden. Im Zustande der Freiheit wäre ein solcher Zwiespalt freilich unmöglich, weil sowohl die geistigen als die materiellen Interessen aller deutschen Volksstämme teils durch die geographische Lage deren Länder, teils durch das gemeinschaftliche Band der Sprache, des Namens und der Literatur auf das innigste verkettet sind [...]
Zwischen den unverständigen Anhängern eines antinationalen Systems und den treuen Freunden des Gesamt-Vaterlandes kann niemals Friede bestehen. Wer wüsste nicht, dass unser teures Vaterland [...] durch die Politik der Kabinette zu Wien und Berlin in diesen entsetzlichen Abgrund gestürzt wurde, jener nichtswürdigen Politik, welche, durch verwüstende Zolllinien und empörende Unterdrückung des öffentlichen Lebens, den Handel und die Freiheit vernichtet und insbesondere die höchsten Interessen der süddeutschen Volksstämme bis zum Tode verwundet? Durch diese treulose und verräterische Politik sind die schönsten Provinzen Deutschlands in die verzweiflungsvolle Lage geworfen worden, bei äußeren politischen Stürmen zwischen der Nationalität und ihren Interessen wählen zu müssen, und da das Band der Interessen nach der sinnlichen Natur der Menschen stärker ist als jenes der Nationalität, so ist die Kraft Deutschlands gegen außen gebrochen und die Integrität des Landes bei jedem Sturme der größten Gefahr ausgesetzt. Diese Gefahr kann nur durch die Versöhnung der Interessen entfernt werden. Ist der Widerstreit der letzteren gehoben, so tritt der natürliche Drang zur Nationalität von selbst wieder in seine Rechte ein und ist alsdann mächtig genug, die Würde der

Nation und die Integrität des Gebietes gegen jeden äußeren Feind aufrechtzuerhalten. Da nun, wie oben bemerkt wurde, die Interessen aller deutschen Volksstämme vermöge der Ordnung der Natur notwendig gleich sind und nur durch eigennützige oder ehrgeizige Zwecke fürstlicher Familien in Zwiespalt gesetzt werden können, so beruht die politische Einheit Deutschlands darin, dass in allen öffentlichen Angelegenheiten, welche nicht bloß ein einzelnes deutsches Land betreffen, sondern auch die Interessen der übrigen Bruderstämme berühren, den fürstlichen Familien die unumschränkte Diktatur entzogen und die Leitung jener gemeinsamen Angelegenheiten, sowohl nach innen als nach außen, den Organen der öffentlichen Meinung aller Bruderstämme naturgemäß übertragen werde.

Aus: Johann Georg August Wirth: Die politische Reform Deutschlands. Noch ein dringendes Wort an die deutschen Volksfreunde. Straßburg 1832. In: Hartwig Brandt [Hg.]: Restauration und Frühliberalismus 1814–1840. Darmstadt 1979. S. 321–323.

20 Paul Achatius Pfizer (1801–1867, deutscher Jurist und Publizist): Gedanken über das Ziel und die Aufgabe des deutschen Liberalismus (1832)

Freiheit im Innern und Unabhängigkeit nach außen oder persönliche Freiheit der Nationalität sind die beiden Pole, nach denen alles Leben des Jahrhunderts strömt, und die französische Nation ist die erste Nation der Welt geworden, weil sie diese beiden Grundrichtungen der Gegenwart am reinsten in sich aufgenommen hat, in ihrer Unzertrennlichkeit am kräftigsten und entschiedensten der Welt vor Augen stellt.

Nachdem Jahrhunderte lang alle Rechte der Völker in dem Recht und der Persönlichkeit der Fürsten aufgegangen, hat man sich endlich überzeugt, dass nicht die Völker um der Fürsten, sondern die Fürsten um der Völker willen vorhanden sind, und dass die Völker selbst auch Rechte besitzen, welche von der Person des sie regierenden Monarchen unabhängig bleiben. Nach früheren Begriffen war der Landesherr im eigentlichen Sinne Herr und Eigentümer von Land und Leuten, er vertauschte, verkaufte, verpfändete sein Gebiet, und konnte so mit vollem Rechte von sich sagen: der Staat bin ich. Seitdem man aber zwischen Rechten der Fürsten und der Völker einen Unterschied macht und einsieht, dass vernünftigerweise das Wohl eines ganzen Landes oder Volkes dem Interesse eines Fürsten oder einer Familie vorgehen muss, ist das Prinzip der Nationalität in der europäischen Staatengeschichte zur Herrschaft gekommen. Die Nationen sind jetzt das geworden, was früher die Monarchien oder die Dynastien waren.

Zwar glauben manche, mit dem Fall jener mittelalterlichen Art von Fürstenmacht müsse auch der Gegensatz der Länder und Völker seine Bedeutung verlieren, ein gemeinschaftliches Band werde künftig die gesamte Menschheit verknüpfen und so das goldene Zeitalter wiederkehren, wo kein Unterschied des Standes und der Abkunft mehr gelte, sondern an deren Stelle die absolute Freiheit und Gleichheit trete. Aber wie es zu einem vollkommenen Organismus gehört, dass jeder Körperteil seine eigentümliche Bestimmung, Bildung und Verrichtung habe, indem nur auf der niedrigsten Stufe der Organisation verschiedenartige Funktionen in einem Organ zusammenfallen, so gehört es auch zum Organismus der Menschheit, dass jede Nation ihre eigentümliche Lebensaufgabe löse und erfülle und in diesem Geschäfte nicht durch die Herrschsucht und Gewalt der anderen gestört und aufgehalten werde. Deutschland, die Heimat des Gemüts und des Gedankens, der tiefsten Innerlichkeit, wird ewig mit Frankreich, dem Lande der Bewegung und des äußerlichen Lebens, einen Gegensatz bilden, der es unmöglich macht, dass sich Deutschland unter Frankreichs Oberherrschaft auf die Dauer wohl befinde; und dieser Gegensatz wird, wenn auch gemildert und versöhnt, selbst dann noch fortdauern, wenn dereinst nicht mehr ein bloß völkerrechtliches, sondern ein positiv staatsrechtliches Band alle Völker unseres Erdteils vereinigen sollte.

Die Nationalunterschiede werden nicht aufhören; aber Nationalität und persönliche Freiheit müssen forthin Hand in Hand gehen, und man sollte endlich anerkennen, dass die ganze Größe Frankreichs darin besteht, das Prinzip der inneren Freiheit in ihrer wesentlichen Einheit mit der äußeren darzustellen. Es wäre Zeit, dass man sich endlich einmal gestände und klar darüber würde, dass die Franzosen, die Führer und Leiter der Zivilisation, das tonangebende Volk in Europa nicht dadurch geworden sind, dass sie die Grundsätze der Freiheit bekennen und predigen, sondern dadurch, dass sie dieselben als Nation bekennen und mit dem ganzen Gewicht ihrer Nationalität unterstützen.

Will daher Deutschland in die Schule der Franzosen gehen, so darf die Nachahmung nicht auf halbem Wege stehen bleiben. Mit den bloßen Grundsätzen bürgerlicher Freiheit, so verdienstlich und notwendig ihre Verbreitung auch sein mag, ist Deutschland noch lange nicht geholfen. Mit allem Freiheitsdrang der einzelnen werden die Deutschen ewig eine armselige Rolle spielen, und ein mitleidiges Belächeln ihrer schwachen Gutmütigkeit wird im Ausland der ganze Lohn für ihren Enthusiasmus sein, solange sie nicht als Nation die Freiheit wollen oder gar zu haben scheinen, dass Abhängigkeit vom Ausland zum Begriff der deutschen Freiheit gehöre. Es ist freilich eine Torheit zu verlangen, dass die Deutschen die innere Freiheit ganz vergessen sollen, bis sie die äußere Unabhängigkeit gesichert haben; es ist aber ebenso verkehrt oder noch verkehrter, die letztere der ersten aufopfern zu wollen.

Beinahe wider Willen und gezwungen haben sich die Deutschen unter dem Drucke der Fremdherrschaft zu dem Gefühl der Nationalität und mit ihr zu dem Ruf nach bürgerlicher Freiheit aufgerafft. Aber auch sie haben, der Ungunst ihrer Verhältnisse zum Trotz, dem Zuge des Jahrhunderts in seiner Doppelrichtung folgen müssen. Auch Deutschland hat, vermöge der ihm eigenen hohen Empfänglichkeit für alles, was die Brust der Menschheit bewegt, jenes Doppelstreben nach innerer und nach äußerer Freiheit nicht abwehren können. Nur ist es dem geteilten, zersplitterten und in sich zerfallenen Volke nicht geglückt, einen Führer zu finden, der diese beiden Tendenzen gleichmäßig befriedigt hätte.

Aus: Hartwig Brandt [Hg.]: Restauration und Frühliberalismus 1814–1840. Darmstadt 1979. S. 319–321.

21 Philipp Jakob Siebenpfeiffer (1789–1845, deutscher politischer Journalist und Initiator des Hambacher Festes): Rede auf dem Hambacher Fest (27. 5. 1832)

Vaterland – Freiheit – ja! ein freies deutsches Vaterland – dies der Sinn des heutigen Festes [...]

So weit von diesem erhabenen Punkte der Blick reicht, dehnt sich aus das herrliche Rheintal, jener beneidete Garten, auf den die Natur alle Fülle des Segens ausgeschüttet; aber das deutsche Vaterland liegt verödet. Gärten für Obst, für Wein, für Brodfrüchte, grünende Wiesen und Anlagen

prangender Lust haben deutsche Hände geschaffen; aber brach liegt der Boden des Vaterlandes [...]
Wir bauen mit dem Schweiße zinspflichtiger Armen dem Uebermuthe Palläste, der Ueppigkeit Schauspielhäuser und Tanzsäle, der Unterdrückung Kasernen und Zwingburgen, der Lust Landhäuser und Bäder, dem Stolz errichten wir Prunkschlösser, der Eitelkeit Museen und Kunstgallerien, den Völkerschlächtern Säulen des Ruhms: aber für irgend ein deutsches Nationaldenkmal hat die weite deutsche Erde keinen Raum, haben seine 34 souveräne Fürsten keinen Sinn; eine Nationalhalle suchst du umsonst, wo die Majestät des deutschen Volks wiederstrahle, das freie Gesetz im Innern gründend, die Würde nach Aussen bewahrend [...]
Noch ist's dasselbe Volk, um welches als den natürlichen und politischen Mittelpunkt, einst alle Völker Europa's sich reiheten, noch ist's dasselbe Volk, das in der Zeit tiefster Erniedrigung mit heiliger Begeisterung die Ketten des Fremdlings zerbrach und auf blutigen Siegesfeldern den Altar des Vaterlandes erhob; wie zersplittert und vereinzelt auch die Bestrebungen der Stämme für die Erringung gesetzlicher Freiheit, es sind Steine zum großen Nationalbau für Alle [...] Und es wird kommen der Tag, der Tag des edelsten Siegstolzes, wo der Deutsche vom Alpengebirg und der Nordsee, vom Rhein, der Donau und Elbe den Bruder im Bruder umarmt, wo die Zollstöcke und die Schlagbäume, wo alle Hoheitszeichen der Trennung und Hemmung und Bedrückung verschwinden, sammt den Constitutiönchen, die man etlichen mürrischen Kindern der großen Familie als Spielzeug verlieh; wo freie Straßen und freie Ströme den freien Umschwung aller Nationalkräfte und Säfte bezeugen; wo die Fürsten die bunten Hermeline feudalistischer Gottstatthalterschaft mit der männlichen Toga deutscher Nationalwürde vertauschen, und der Beamte, der Krieger, statt mit der Bedientenjacke des Herrn und Meisters, mit der Volksbinde sich schmückt [...]
Dies der Gedanke des heutigen Festes, des herrlichsten, bedeutungsvollsten, das seit Jahrhunderten in Deutschland gefeiert ward, – der Gedanke, der Tausende von ausgezeichneten deutschen Bürgern auf dieser Höhe versammelt und den Millionen andere Deutsche mitempfinden, [...] der Gedanke der Wiedergeburt des Vaterlandes.
Es lebe das freie, das einige Deutschland!
Hoch leben die Polen, der Deutschen Verbündete!
Hoch leben die Franken, der Deutschen Brüder, die unsere Nationalität und Selbständigkeit achten!
Hoch lebe jedes Volk, das seine Ketten bricht und mit uns den Bund der Freiheit schwört!
Vaterland – Volkshoheit – Völkerbund hoch!

Aus: J. G. A. Wirth: Das Nationalfest der Deutschen zu Hambach. Neustadt a. H 1832. S. 33–41.

23 Philipp Jakob Siebenpfeiffer: Lied zum Hambacher Fest (1832)

Hinauf, Patrioten, zum Schloss, zum Schloss!
Hoch flattern die deutschen Farben:
Es keimet die Saat und die Hoffnung ist groß,
Schon binden im Geiste wir Garben.
Es reifet die Aehre mit goldnem Rand,
Und die goldne Erndt' ist das – Vaterland.

22 Hambacher Fest, teilkolorierte Federzeichnung, 1832.

Wir sahen die Polen, sie zogen aus,
Als des Schicksals Würfel gefallen.
Sie ließen die Heimath, das Vaterhaus
In der Barbaren Räuberkrallen:
Vor des Czaren finsterem Angesicht
Beugt der Freiheit liebende Pole sich nicht.

Auch wir, Patrioten, wir ziehen aus
In festgeschlossenen Reihen;
Wir wollen uns gründen ein Vaterhaus
Und wollen der Freiheit es weihen:
Denn vor den Tyrannen Angesicht
Beugt länger der freie Deutsche sich nicht.

Die Männer strömen aus jeglichem Gau, –
Nur Brüder umfassen die Gauen –
Zu legen die Hand an den Wunderbau:
Ein Deutschland gilt es zu bauen;
Wo deutsche Männer, da sind wir dabei,
Wir erheben ein Deutschland, stolz und frei.

Was tändelt der Badner mit Gelb und Roth,
Mit Weiß, Blau, Roth Bayer und Hesse?
Die vielen Farben sind Deutschlands Noth,
Vereinigte Kraft nur zeugt Größe.
Drum weg mit der Farben buntem Tand,
Nur eine Farb' und ein Vaterland!

Wenn Einer im Kampfe für Alle steht,
Und Alle für Einen, dann blühet
Des Volkes Kraft und Majestät,
Und jegliches Herz erglühet
Für ein einiges Ziel, für ein einziges Gut:
Es brennet der Freiheit, des Vaterlands Mut.

Drum auf, Patrioten! Der Welt sei kund,
Dass eng, wie wir stehen, gegliedert,
Und dauernd wie Fels der ewige Bund,
Wozu wir uns heute verbrüdert.
Frisch auf, Patrioten, den Berg hinauf!
Wir pflanzen die Freiheit, das Vaterland auf.

Aus: Wilhelm Herzberg: Das Hambacher Fest. Neu hg. von Heinrich Werner. Köln 1982. S. 109.

24 Leopold von Ranke (1795–1886, deutscher Historiker): Vorlesungseinleitungen (1836)

Für die historische Kenntnis aller Zeiten und Verhältnisse ist es unerlässlich, nachdem man dem allgemeinen Gange der Weltschicksale nachgeforscht hat, sich zu vergegenwärtigen, wie die einzelnen Nationen sich in ihrer Einheit fortbewegt haben. Nicht bloß das ganze menschliche Geschlecht hat ein zusammenhängendes Leben, sondern auch jedes Volk einen besonderen, durch göttlichen Anhauch [ent]standenen Geist, durch den es ist, was es ist, den es die Pflicht hat nicht mumienhaft zu konservieren, aber aus dem Grunde nach dem Ideal zu entwickeln. Wir können uns zu der Betrachtung erheben, jedes Volk ist ein Gedanke des göttlichen Geistes, so ist es für die Geschichte sehr wichtig, die Geschichte der Völker zu studieren. Die Historie, so verfolgt, führt auch zum Komplex der Weltgeschichte, es ist eine andere Dimension, aber derselbe Stoff, dieselbe Welt. Für uns die wichtigste Nation, die deutsche, ist hier der Gegenstand unserer Darstellung. [...]
Sie hat die ausgezeichnete Eigenschaft, dass sie in ununterbrochener Kontinuität alle Jahrhunderte durchschreitet, die großen Epochen erfüllt oder durch universelle Einwirkung berührt. Die meisten Reiche sind erst durch Einwanderungen der Deutschen gebildet, namentlich England und Frankreich und ganz besonders Italien, die Slawen sind erst später und unter deutschem Einfluss zu Staaten gebildet [worden]. Die Deutschen dagegen finden wir stets unbesiegt, nie ganz unterworfen, stets schnell hergestellt, in stets nachweisbarer Entwickelung begriffen. Die deutsche Sprache bildete sich eher als eine andere neue Sprache, unsere Rechtsinstitute sind auf die frühesten Quellen zurückzuführen und in großartigem Zusammenhang wahrzunehmen.
Andere Geschichten haben glänzendere Taten, die Einheit des Mittelpunktes; dieser fehlt, uns fehlt der Hof und seine Geschichte, die zu größeren Katastrophen führt und großes dramatisches Interesse hat; aber es schreitet die Handlung unwandelbar stetig gedrungen fort. Es sondert sich die Geschichte allgemein in einige große Epochen; die Zeit der Stämme, die des Reiches, die der Staaten, die sich nun natürlich nicht nach Jahren denken lassen.

Aus: Leopold von Ranke: Vorlesungseinleitungen. Hg. von Volker Dotterweich und Walther Peter Fuchs. München/Wien 1975. S. 129 f.

25 Friedrich List (1789–1846, deutscher Volkswirtschaftler): Das nationale System der politischen Ökonomie (1841)

Zwischen dem Individuum und der Menschheit steht aber die Nation, mit ihrer besondern Sprache und Literatur, mit ihrer eigentümlichen Abstammung und Geschichte, mit ihren besondern Sitten und Gewohnheiten, Gesetzen und Institutionen, mit ihren Ansprüchen auf Existenz, Selbstständigkeit, Vervollkommnung, ewige Fortdauer und mit ihrem abgesonderten Territorium; eine Gesellschaft, die, durch tausend Bande des Geistes und der Interessen zu einem für sich bestehenden Ganzen vereinigt, das Rechtsgesetz unter sich anerkennt und als Ganzes andern Gesellschaften ähnlicher Art zur Zeit noch in ihrer natürlichen Freiheit gegenübersteht, folglich unter den bestehenden Weltverhältnissen nur durch eigene Kräfte und Mittel Selbstständigkeit und Unabhängigkeit zu behaupten vermag. Wie das Individuum hauptsächlich durch die Nation und in der Nation geistige Bildung, produktive Kraft, Sicherheit und Wohlstand erlangen kann, so ist die Zivilisation des menschlichen Geschlechts nur gedenkbar und möglich vermittelst der Zivilisation und Ausbildung der Nationen [...]
Die normalmäßige Nation besitzt eine gemeinschaftliche Sprache und Literatur, ein mit mannigfaltigen natürlichen Hilfsquellen ausgestattetes, ausgedehntes und wohl arrondiertes Territorium und eine große Bevölkerung. Ackerbau, Manufakturen, Handel und Schifffahrt sind in ihr gleichmäßig ausgebildet; Künste und Wissenschaften, Unterrichtsanstalten und allgemeine Bildung stehen bei ihr auf gleicher Höhe mit der materiellen Produktion. Verfassung, Gesetze und Institutionen gewähren ihren Angehörigen einen hohen Grad von Sicherheit und Freiheit, befördern Religiosität, Sittlichkeit und Wohlstand, haben mit Einem Wort die Wohlfahrt der Bürger zum Zweck. Sie besitzt eine zureichende See- und Landmacht, um ihre Selbstständigkeit und Independenz zu verteidigen und ihren auswärtigen Handel zu schützen. Ihr wohnt die Kraft bei, auf die Kultur minder vorgerückter Nationen zu wirken und mit dem Überschuss ihrer Bevölkerung und ihrer geistigen und materiellen Kapitale Kolonien zu gründen und neue Nationen zu zeugen.
Große Bevölkerung und ein weites, mit mannigfaltigen Naturfonds ausgestattetes Territorium sind wesentliche Erfordernisse der normalen Nationalität, sie sind Grund-

26 Zeitungsblatt zu den Straßenkämpfen vor der Paulskirche am 18. September 1848.

bedingungen der geistigen Bildung wie der materiellen Entwicklung und politischen Macht. Eine an Volkszahl und Territorium beschränkte Nation, zumal wenn sie eine besondere Sprache hat, kann nur eine verkrüppelte Literatur, nur krüppelhafte Anstalten für Beförderung der Künste und Wissenschaften besitzen. Ein kleiner Staat kann innerhalb seines Territoriums nie die verschiedenen Produktionszweige zur vollständigen Ausbildung bringen. Bei ihm wird jeder Schutz zum Privatmonopol. Nur durch Allianzen mit mächtigeren Nationen, durch teilweise Aufopferung der Vorteile der Nationalität und durch übermäßige Kraftanstrengung vermag er seine Selbstständigkeit notdürftig zu behaupten.

Eine Nation, die keine Küstenländer, keine Schifffahrt und Seemacht besitzt oder die Mündungen ihrer Ströme nicht in ihrer Gewalt hat, ist in ihrem fremden Handel von andern Nationen abhängig; sie kann weder eigene Kolonien anlegen noch neue Nationen hervorbringen; aller Überfluss an Bevölkerung, an geistigen und materiellen Mitteln, der aus einer solchen Nation nach nichtkultivierten Ländern fließt, geht ihrer Literatur, ihrer Zivilisation und Industrie zum Vorteil anderer Nationalitäten verloren.

Eine nicht durch Meere und Gebirgsketten arrondierte Nation ist den Angriffen fremder Nationen bloßgestellt und kann nur mit großen Aufopferungen und jedenfalls nur auf sehr unvollständige Weise ein eigentümliches Douanensystem zur Ausführung bringen [...]

Einzig bei Nationen [...], welche alle erforderlichen geistigen und materiellen Eigenschaften und Mittel besitzen, um eine eigene Manufakturkraft zu pflanzen und dadurch den höchsten Grad von Zivilisation und Bildung, von materiellem Wohlstand und politischer Macht zu erstreben, welche aber durch die Konkurrenz einer bereits weiter vorgerückten auswärtigen Manufakturkraft in ihren Fortschritten aufgehalten werden – nur bei solchen ist die Handelsbeschränkung zum Zweck der Pflanzung und Beschützung einer eigenen Manufakturkraft zu rechtfertigen, und auch bei ihnen ist sie es nur so lange, bis die Manufakturkraft zureichend erstarkt ist, um die fremde Konkurrenz nicht mehr fürchten zu dürfen, und von da an nur insoweit als nötig ist um die inländische Manufakturkraft in ihren Wurzeln zu beschützen.

Das Schutzsystem würde nicht nur gegen die Grundsätze der kosmopolitischen Ökonomie, sondern auch gegen den wohlverstandenen Vorteil der eigenen Nation verstoßen, wollte es die fremde Konkurrenz gänzlich und auf einmal ausschließen und die zu beschützende Nation von andern Nationen isolieren. Ist die zu beschützende Manufakturkraft noch in der ersten Periode ihrer Entwicklung, so müssen die Schutzzölle sehr gemäßigt sein, sie dürfen nur allmählich mit der Zunahme der geistigen und materiellen Kapitale, der technischen Geschicklichkeiten und des Unternehmungsgeistes der Nation steigen.

Aus: Friedrich List: Das nationale System der politischen Ökonomie (1841). Hg. von Artur Sommer. Basel/Tübingen 1959. S. 174–178.

27 Karl Heinrich Schnauffer (1822–1854, deutscher Schriftsteller): Schwarz-Rot-Gold (1848)

Schwarz, Rot und Gold, das sind die Farben,
Die stolz der deutsche Bürger trägt;
Schwarz, Rot und Gold, das sind die Farben,
Für die er sich im Kampfe schlägt.

Das Schwarz, das ist die Warnung denen,
Die Deutschlands Freiheit noch bedrohn.
Das Rot, das ist das Blut von jenen,
Die für die Freiheit fielen schon.

Das Gold, das ist der Freiheit Segen,
Wenn Männer ihre Pflicht getan,
Drum schlagt auf Wegen und auf Stegen
Die heiligen drei Farben an.

Schwarz, Rot und Gold, das sind die Farben,
Drauf stolz das deutsche Auge sieht;
Schwarz, Rot und Gold – das sind die Garben,
Darin die Ernte Deutschlands blüht!

Aus: Jost Hermand [Hg.]: Der deutsche Vormärz. Texte und Dokumente. Stuttgart 1967. S. 297.

28 Heinrich von Gagern (1799–1880, deutscher Politiker und Präsident der Frankfurter Nationalversammlung von 1848): Rede zur Eröffnung der Frankfurter Nationalversammlung (19. 5. 1848)

Ich gelobe hier feierlich vor dem ganzen deutschen Volke, dass seine Interessen mir über Alles geh'n, dass sie die Richtschnur meines Betragens sein werden, so lange ein Blutstropfen in meinen Adern rinnt; ich gelobe hier feierlich, als das von Ihnen gewählte Organ Ihrer Versammlung, die höchste Unparteilichkeit. Wir haben die größte Aufgabe zu erfüllen. Wir sollen schaffen eine Verfassung für Deutschland, für das gesammte Reich. Der Beruf und die Vollmacht zu dieser Schaffung, sie liegen in der Souveränität der Nation. (Stürmisches Bravo.) Der Beruf und die Vollmacht, dieses Verfassungswerk zu schaffen, hat die Schwierigkeit in unsere Hände gelegt, um nicht zu sagen die Unmöglichkeit, dass es auf anderem Wege zu Stande kommen könnte. Die Schwierigkeit, eine Verständigung unter den Regierungen zu Stande zu bringen, hat das Vorparlament richtig vorgefühlt, und uns den Charakter einer constituirenden Versammlung vindicirt. Deutschland will Eins sein, ein Reich, regiert vom Willen des Volkes, unter der Mitwirkung aller seiner Gliederungen; diese Mitwirkung auch den Staaten-Regierungen zu erwirken, liegt mit in dem Beruf dieser Versammlung.

Wenn über Manches Zweifel besteht und Ansichten auseinandergehen, über die Forderung der Einheit ist kein Zweifel, es ist die Forderung der ganzen Nation. Die Einheit will sie, die Einheit wird sie haben, sie befestigen; sie allein wird schützen vor allen Schwierigkeiten, die von außen kommen mögen, die im Innern drohen.

Aus: Franz Wigard [Hg.]: Stenographische Berichte über die Verhandlungen der deutschen constituirenden Nationalversammlung zu Frankfurt am Main. Bd. 1. Frankfurt/M. 1848. S. 17.

29 Die Nationalitätenschutzerklärung der deutschen Nationalversammlung (31. 5. 1848)

Die Verfassunggebende deutsche Nationalversammlung erklärt feierlich: dass sie im vollen Maße das Recht anerkenne, welches die nichtdeutschen Volksstämme auf deutschem Bundesboden haben, den Weg ihrer volkstümlichen Entwicklung ungehindert zu gehen und in Hinsicht auf das Kirchenwesen, den Unterricht, die Literatur und die innere Verwaltung und Rechtspflege sich der Gleichberechtigung ihrer Sprache, so weit deren Gebiete reichen, zu erfreuen, wie es sich denn auch von selbst verstehe, dass jedes der Rechte, welche die im Bau begriffene Gesamtverfassung dem deutschen Volk gewährleisten wird, ihnen gleichmäßig zusteht.

Das fortan einige und freie Deutschland ist groß und mächtig genug, um den in seinem Schoße erwachsenen andersredenden Stämmen eifersuchtslos in vollem Maße gewähren zu können, was Natur und Geschichte ihnen zuspricht; und niemals soll auf seinem Boden weder der Slave, noch der dänisch redende Nordschleswiger, noch der italienisch redende Bewohner Süddeutschlands, noch wer sonst, uns angehörig, in fremder Zunge spricht, zu klagen haben, dass ihm seine Stammesart verkümmert werde, oder die deutsche Bruderhand sich ihm entziehe, wo es gilt.

Aus: Franz Wigard [Hg.]: Stenographische Berichte über die Verhandlungen der deutschen constituirenden Nationalversammlung zu Frankfurt am Main. Bd. 1. Frankfurt/M. 1848. S. 183.

30 Peter Franz Reichensperger (1810–1892, deutscher Jurist und Politiker): Rede vor dem Reichstag des Norddeutschen Bundes (26. 11. 1870)

Es ist ja unbestreitbar, dass das so lebhaft erregte Nationalgefühl Deutschlands eine höhere feste Einigung erstrebt und bedarf, aber ich vertraue dem guten Genius des Landes, dass diese höhere Einheit nicht die Uniformität sei, sondern die harmonische Einigung des Gottlob in unserer Nationalität vorhandenen Mannigfaltigen, so dass die notwendige nationale Einheit repräsentiert sei und bleibe durch die gemeinsame auswärtige Politik, durch die gemeinsame Handelspolitik und das gemeinsame Heerwesen, – dass damit aber nicht die notwendige und berechtigte Mannigfaltigkeit in Gesetzgebung und Verwaltung der Einzelstaaten aufgezehrt werde, und dass wir andernfalls auf dieselben Wege des Verderbens geführt werden würden, wie es in Frankreich geschehen ist. Und was endlich die Korruption anlangt, so haben wir dieselbe schon abgewehrt, wenn wir die beiden ersten Gefahren als berechtigt erachten dürfen. Denn die Korruption im Nachbarlande ist nur entstanden und konnte nur entstehen aus der Brutstätte, welche die Unfreiheit und die Zentralisation bereitet, – denn dies ist die Quelle der Fäulnis, aus der allein jene Korruption erwachsen konnte. Wenn nun aber Deutschland auf diesem Wege seine Geschicke erfüllt, dann, meine Herren, dürfen wir versichert sein, dass es einer neuen großen Aera entgegengeht, – mit gesicherter Machtstellung nach außen, einer echten männlichen Freiheit nach innen und einer gesunden Entwicklung aller geistigen und aller materiellen Kräfte. Dann vertraue ich aber auch, dass der siegreich geführte Volkskrieg und die wohlgeordnete Einrichtung des neuen deutschen Bundes das Volk auch den Schlussstein erreichen lasse, der immer erstrebt wird und erstrebt werden muss, – ich hege keinen Zweifel, dass unter unseren Augen die Tore des Kyffhäusers sich öffnen und dass wir den Morgengruß des erwachenden deutschen Kaiserreiches vernehmen werden. (Lebhaftes Bravo!)

Aus: Hans Fenske [Hg.]: Der Weg zur Reichsgründung 1850–1870. Darmstadt 1977. S. 429 f.

32 **Heinrich von Treitschke (1834–1896).**

31 **Heinrich von Treitschke (1834–1896, deutscher Historiker): Über die „Judenfrage" (1879)**

Unter den Symptomen der tiefen Umstimmung, welche durch unser Volk geht, erscheint keines so befremdend wie die leidenschaftliche Bewegung gegen das Judentum. Vor wenigen Monaten herrschte in Deutschland noch das berufene „umgekehrte Hep Hep Geschrei". Über die Nationalfehler der Deutschen, der Franzosen und aller anderen Völker durfte jedermann ungescheut das Härteste sagen; wer sich aber unterstand, über irgendeine unleugbare Schwäche des jüdischen Charakters gerecht und maßvoll zu reden, ward sofort fast von der gesamten Presse als Barbar und Religionsverfolger gebrandmarkt. Heute sind wir bereits so weit, dass die Mehrheit der Breslauer Wähler – offenbar nicht in wilder Aufregung, sondern mit ruhigem Vorbedacht – sich verschwor, unter keinen Umständen einen Juden in den Landtag zu wählen; Antisemitenvereine treten zusammen, in erregten Versammlungen wird die „Judenfrage" erörtert, eine Flut von judenfeindlichen Libellen überschwemmt den Büchermarkt [...] Sind diese Ausbrüche eines tiefen, lang verhaltenen Zornes wirklich nur eine flüchtige Aufwallung, so hohl und grundlos wie einst die teutonische Judenhetze des Jahres 1819? Nein, der Instinkt der Massen hat in der Tat eine schwere Gefahr, einen hochbedenklichen Schaden des neuen deutschen Lebens richtig erkannt; es ist keine leere Redensart, wenn man heute von einer deutschen Judenfrage spricht.

Wenn Engländer und Franzosen mit einiger Geringschätzung von dem Vorurteil der Deutschen gegen die Juden reden, so müssen wir antworten: Ihr kennt uns nicht; Ihr lebt in glücklicheren Verhältnissen, welche das Aufkommen solcher „Vorurteile" unmöglich machen. Die Zahl der Juden in Westeuropa ist so gering, dass sie einen fühlbaren Einfluss auf die nationale Gesittung nicht ausüben können; über unsere Ostgrenze aber dringt Jahr für Jahr aus der unerschöpflichen polnischen Wiege eine Schar strebsamer hosenverkaufender Jünglinge herein, deren Kinder und Kindeskinder dereinst Deutschlands Börsen und Zeitungen beherrschen sollen; die Einwanderung wächst zusehends, und immer ernster wird die Frage, wie wir dies fremde Volkstum mit dem unseren verschmelzen können [...]

Was wir von unseren israelitischen Mitbürgern zu fordern haben, ist einfach: sie sollen Deutsche werden, sich schlicht und recht als Deutsche fühlen – unbeschadet ihres Glaubens und ihrer alten heiligen Erinnerungen, die uns allen ehrwürdig sind; denn wir wollen nicht, dass auf die Jahrtausende germanischer Gesittung ein Zeitalter deutsch-jüdischer Mischkultur folge [...] Keine deutsche Handelsstadt, die nicht viele ehrenhafte, achtungswerte jüdische Firmen zählte; aber unbestreitbar hat das Semitentum an dem Lug und Trug, an der frechen Gier des Gründer-Unwesens einen großen Anteil, eine schwere Mitschuld an jenem schnöden Materialismus unserer Tage, der jede Arbeit nur noch als Geschäft betrachtet und die alte gemütliche Arbeitsfreudigkeit unseres Volkes zu ersticken droht; in tausenden deutscher Dörfer sitzt der Jude, der seine Nachbarn wuchernd auskauft. Unter den führenden Männern der Kunst und Wissenschaft ist die Zahl der Juden nicht sehr groß; um so stärker die betriebsame Schar der semitischen Talente dritten Ranges. Und wie fest hängt dieser Literatenschwarm unter sich zusammen; wie sicher arbeitet die auf den erprobten Geschäftsgrundsatz der Gegenseitigkeit begründete Unsterblichkeits-Versicherungsanstalt, also dass jeder jüdische Poetaster jenen Eintagsruhm, welchen die Zeitungen spenden, blank und bar, ohne Verzugszinsen ausgezahlt erhält [...]

3

33 Kaiser Willhelm I. Denkmal an der Hohenzollernbrücke in Köln, 1878.

Überblickt man alle diese Verhältnisse – und wie vieles ließe sich noch sagen! – so erscheint die laute Agitation des Augenblicks doch nur als eine brutale und gehässige, aber natürliche Reaktion des germanischen Volksgefühls gegen ein fremdes Element, das in unserem Leben einen allzu breiten Raum eingenommen hat. Sie hat zum mindesten das unfreiwillige Verdienst, den Bann einer stillen Unwahrheit von uns genommen zu haben; es ist schon ein Gewinn, dass ein Übel, das jeder fühlte und niemand berühren wollte, jetzt offen besprochen wird. Täuschen wir uns nicht: die Bewegung ist sehr tief und stark; einige Scherze über die Weisheitssprüche christlich-sozialer Stump-Redner genügen nicht, sie zu bezwingen. Bis in die Kreise der höchsten Bildung hinauf, unter Männern, die jeden Gedanken kirchlicher Unduldsamkeit oder nationalen Hochmuts mit Abscheu von sich weisen würden, ertönt es heute wie aus einem Munde: die Juden sind unser Unglück!
Preußische Jahrbücher 44 [1879]. S. 572–575.

34 Adolf Stoecker (1835–1909, protestantischer Geistlicher und antisemitischer Politiker): Rede auf einer Christlich-Sozialen Parteiversammlung in Berlin (3.2.1882)

Die Judenfrage ist da, überall wo Juden in Gemeinschaft mit anderen Völkern wohnen; sie ist immer und überall, wie der ewige Jude. (Beifall und Heiterkeit.) Es ist ein göttliches Verhängnis über diesem Volke, dass es unstet umherirren soll in der Welt und leiden bis ans Ende der Tage, weil es das Heil nicht erkannt und nicht angenommen hat. Als die Juden Christums kreuzigten, kreuzigten sie sich selbst, ihre Offenbarung wie ihre Geschichte. Gleich Ahasverus ist dieses Volk seitdem verurteilt, umherzuirren und nirgends Ruhe zu finden, bis er sich bekehrt hat. Überall mit Misstrauen empfangen, wohin es sich wendet, gibt es bald Ursache zur Unzufriedenheit, wo es länger weilt. In England tritt das nicht so stark hervor, weil ganz England zusammen nicht so viele Juden hat wie Berlin allein. Hier kommt auf je zwanzig Christen ein Jude, das ist mehr, als wir vertragen können. Dabei sind die israelitischen Bewohner Berlins im geschäftlichen Leben überall obenauf; hier gibt es verhältnismäßig doppelt so viele jüdische Arbeitgeber als christliche, während die Arbeiter zuallermeist Christen sind. Auf geistigem Gebiete sind sie ebenso stark wie auf materiellem durch ihre Presse. Dieser Einfluss und dieses Übergewicht des Judentums können für unser deutsches Volksleben nimmermehr heilsam sein; wenn wir diese Fremdherrschaft abschütteln wollen, so soll uns niemand daran hindern. (Lebhafter Beifall.) Wir wären wirklich Toren, wenn wir uns von einem Haufen fremden Volkes unser nationales Leben verkümmern ließen.
Endlich, endlich sind wir zu der Einsicht gekommen, dass sich das nicht schickt. Wir wollen unsere Verhältnisse selbst regeln. Die Deutschen sind Idealisten und Träumer; sie schwärmen für allgemeine Menschenrechte, und es muss schon stark kommen, ehe der deutsche Michel aufwacht. Jetzt ist er erwacht und sieht ein, dass es so nicht weitergehen kann. Kein billig Denkender, der die Verhältnisse kennt, wird leugnen können, dass wir zu unserer Abwehr unberechtigten fremden Einflusses und Übergewichts nicht nur ein Recht, sondern eine heilige Pflicht haben. (Lebhafter Beifall.) Besonders hier in Berlin, denn hier gilt es: Sein oder Nichtsein! (Sehr wahr.) Es war die höchste Zeit, der deutsche Geist schien bereits überwunden, die Ketten waren schon geschmiedet, und die Hände streckten sich aus, sie uns anzulegen. Dagegen mussten wir uns wehren. Wir fassen die Judenfrage nicht als Religions-, auch nicht als Rassenfrage auf; obwohl sie in ihren Wurzeln beides ist, erscheint sie doch in ihrer äußeren Gestalt als seine sozial-ethische; so behandeln wir sie. Kein Volk kann die Übermacht eines fremden Geistes dulden, ohne zu entarten und zu Grunde zu gehen; die Ereignisse des letzten Jahrzehnts sind darin unsere Lehrer gewesen. Durch die Schwindelperiode, den Krach, die Verarmung und Entsittlichung unseres Volkes sind über uns Momente der Erkenntnis, des Ärgers, der Kränkung, der Buße gekommen, daher stammt der nationale und sittlich-religiöse Aufschwung – das ist unsere Bewegung. (Lebhafter Beifall.) Wir wollen die Judenfrage nicht radikal, nicht gewaltsam, sondern nach und nach in ruhiger, friedlicher Weise lösen [...]
Wir hassen die Juden nicht; aber ihr System, als verderbenbringend für unser deutsch-christliches Volkstum, hassen wir aus ganzer Seele. Wir gestatten den Juden, unter uns zu leben, auf ehrliche Weise ihr Brot zu verdienen, wohlhabend und selbst reich zu werden, wir sind tolerant, Kinder des 19. Jahrhunderts, aber ausbeuten und beherrschen lassen wir uns von Juden nicht. (Lebhafter Beifall.) Wenn die Juden unter den Völkern nur ihre Existenz suchten, ihren religiösen Bräuchen lebten und die eingeborene Bevölkerung hierin nicht störten, so gäbe es keine Judenfrage: aber das Judentum will nicht bloß existieren, es will herrschen, unsere besten Güter, christliche Religion, Kirche, deutsche Kultur und deutsches Wesen angreifen, selbst aber nicht geniert sein. Das

36 Bismark-Denkmal in Hamburg. 35 m hoch, nach einem Entwurf von Alfred Lichtwark, nimmt es die Bremer Rolandsäule zum Vorbild. Das Denkmal wurde maßgeblich von Hamburger Reederern und Kaufleuten finanziert und am 2. Juni 1906 enthüllt.

geht nicht an. Wenn dann Angriff gegen Angriff erfolgt, dann schreit man über Intoleranz und Fanatismus. Wir sind eine Nation von 44 Millionen; vor der halben Million unter uns lebender Juden werden wir uns nicht fürchten und uns nicht von ihnen vorschreiben lassen, wie wir leben und unsere Verhältnisse gestalten sollen. (Lebhafter Beifall.) Wir werden fortfahren im Kampf gegen das Überwuchern dieses Judentums, bis es im öffentlichen Leben in die Ecke gestellt ist, wohin es gehört. (Lebhafter Beifall und Heiterkeit.)

Aus: Adolf Stoecker: Christlich-Sozial. Reden und Aufsätze. Bielefeld/Leipzig 1885. S. 210 f.

35 Gründungsaufruf des Allgemeinen Deutschen Verbandes (später: „Alldeutscher Verband") (1891)

In die Mitte von Europa gestellt und an seinen Grenzen bedroht von fremden und feindlichen Nationalitäten, bedarf das deutsche Volk mehr als alle anderen Völker der vollen und einheitlichen Zusammenfassung seiner Kräfte, um seine Unabhängigkeit nach außen und die Entfaltung seiner Eigenart im Innern zu sichern.

Durch eig'ne Fehler und eine Reihe von weltgeschichtlichen äußeren Umständen ist Deutschland in dieser Zusammenfassung seiner nationalen Kraft um Jahrhunderte zurückgehalten und von fremden Völkern im Westen und Osten weit überholt worden.

Erst die großen Kämpfe von 1866 und 1870 errangen die Schaffung des deutschen Einheitsstaates und damit die Grundlage, auf welcher unser Volk den Wettbewerb mit anderen Nationen aufzunehmen vermag.

Auf dieser Grundlage weiter zu bauen und unserm Volk die Weltstellung zu gewinnen, wie sie seinem Rang als europäischer Großmacht entspricht, das ist sowohl Aufgabe der Regierungen wie der Nation als solcher. Es würde falsch sein, anzunehmen, dass durch die Errungenschaften der letzten Kriege die politische Entwicklung Deutschlands bereits ihren endgültigen Abschluss erreicht hätte. Noch ist der Ausbau des nationalen deutschen Reiches nicht beendet, und über See genießt unsere Flagge noch nicht das Ansehen, wie es der ersten Kriegsmacht Europas zukommt. Noch immer taucht alljährlich der große Strom unserer Auswanderung in fremden Nationalitäten unter, um daselbst dauernd zu verschwinden, und ein unter allen Umständen sicheres

3

37 Karikatur zum Sieg der „Reaction" über den Liberalismus in der Zeitschrift „Berliner Werpen", 1879.

Absatzgebiet für unsere Industrie fehlt uns, weil uns eig'ne aufnahmefähige Kolonien in angemessenem Umfang fehlen. In einem Zeitalter, wo alle Staatswesen mehr und mehr darauf bedacht sind, sich nach außen hin wirtschaftlich abzuschließen, birgt dieser Umstand eine ernste Gefahr für unsere gesamte Volkswirtschaft in sich!

Wenn die praktische Lösung der angedeuteten Aufgaben in erster Linie der deutschen Politik anheimfällt, so vermag doch auch das Volk selbst in diesen Entwicklungsgang bestimmend mit einzugreifen [...] Wenn ein ganzes Volk sich mit der Anschauung seiner großen geschichtlichen Aufgaben erfüllt und solche zum Gegenstand seines nationalen Wollens macht, findet es auch die Mittel und Wege, den Inhalt seiner Ideale zu verwirklichen.

In solcher Überzeugung hat sich der „Allgemeine Deutsche Verband" begründet, welcher beabsichtigt, die Anschauungen unseres Volkes im Sinne seiner großen Weltaufgaben zu gestalten und darauf hinzuwirken, dass der weitere Gang der deutschen Entwicklung sich in der Richtung dieser Gesichtspunkte vollzieht. Der Zweck des Allgemeinen Deutschen Verbandes ist:

1. Belebung des vaterländischen Bewusstseins in der Heimat und Bekämpfung aller der nationalen Entwicklung entgegengesetzten Richtungen.
2. Pflege und Unterstützung deutsch-nationaler Bestrebungen in allen Ländern, wo Angehörige unseres Volkes um die Behauptung ihrer Eigenart zu kämpfen haben, und Zusammenfassung aller deutschen Elemente auf der Erde für diese Ziele.
3. Förderung einer tatkräftigen deutschen Interessenpolitik in Europa und über See. Insbesondere auch Fortführung der deutschen Kolonial-Bewegung zu praktischen Ergebnissen.

Otto Bonhard: Geschichte des Alldeutschen Verbandes. Leipzig/Berlin 1920. S. 248 f.

38 Houston Stewart Chamberlain (1855–1927, deutscher Publizist britischer Herkunft): Die Grundlagen des Neunzehnten Jahrhunderts (1898)

Ranke hatte vorausgesagt, unser Jahrhundert werde ein Jahrhundert der Nationalität sein; das war ein zutreffendes politisches Prognostikon, denn niemals zuvor haben sich die Nationen so sehr als fest abgeschlossene, feindliche Einheiten einander gegenüber gestanden. Es ist aber auch ein Jahrhundert der Rassen geworden, und zwar ist das zunächst eine notwendige und unmittelbare Folge der Wissenschaft und des wissenschaftlichen Denkens. Ich habe schon zu Beginn dieser Einleitung behauptet, dass die Wissenschaft nicht eine, sondern trenne; das hat sich auch hier bewährt. Die wissenschaftliche Anatomie hat die Existenz von physischen, unterscheidenden Merkmalen zwischen den Rassen erwiesen, so dass sie nicht mehr geleugnet werden können, die wissenschaftliche Philologie hat zwischen den verschiedenen Sprachen prinzipielle Abweichungen aufgedeckt, die nicht zu überbrücken sind, die wissenschaftliche Geschichtsforschung hat in ihren verschiedenen Zweigen zu ähnlichen Resultaten geführt, namentlich durch die genaue Feststellung der Religionsgeschichte einer jeden Rasse, wo nur die allerallgemeinsten Ideen den täuschenden Schein der Gleichmäßigkeit erwecken, die Weiterentwicklung aber stets nach bestimmten, scharf voneinander abweichenden Richtungen stattgefunden hat, und noch immer stattfindet. Die sogenannte „Einheit der menschlichen Rasse" bleibt zwar als Hypothese noch in Ehren, jedoch nur als eine jeder materiellen Grundlage entbehrende, persönliche, subjektive Überzeugung. Im Gegensatz zu den gewiss sehr edlen, aus reinster Sentimentalität hervorgequollenen Weltverbrüderungsideen des 18. Jahrhunderts, in welchen die Sozialisten als Hintertreffen noch heute nachhinken, hat sich allmählich die starre Wirklichkeit als notwendiges Ergebnis der Ereignisse und der Forschungen unseres Jahrhunderts erhoben. Manche andere Benennung könnte vieles zu ihrer Rechtfertigung anführen: Rousseau hatte schon prophetisch von einem „Siècle des Révolutions" gesprochen. Andere reden wohl von einem Jahrhundert der Judenemanzipation, Jahrhundert der Elektrizität, Jahrhundert der Volksarmeen, Jahrhundert der Kolonien, Jahrhundert der Musik, Jahrhundert der Reklame, Jahrhundert der Unfehlbarkeitserklärung.

Housten Stewart Chamberlain: Die Grundlagen des Neunzehnten Jahrhunderts. Bd. 1. 2. Aufl. München 1900. S. 29 f.

39 Bernhard von Bülow (1849–1929, deutscher Politiker, Reichskanzler von 1900 bis 1909): Rede vor dem deutschen Reichstag (11. 12. 1899)

In unserem neunzehnten Jahrhundert hat England sein Kolonialreich, das größte Reich, das die Welt seit den Tagen der Römer gesehen hat, weiter und immer weiter ausgedehnt, haben die Franzosen in Nordafrika und Ostafrika festen Fuß gefasst und sich in Hinterindien ein neues Reich geschaffen, hat Russland in Asien seinen gewaltigen Siegeslauf begonnen, der es bis zum Hochplateau des Pamir und an die Küsten des Stillen Ozeans geführt hat [...] Der englische Premierminister hatte schon vor längerer Zeit gesagt, dass die starken Staaten immer stärker und die schwachen immer schwächer werden würden. Alles, was seitdem geschehen ist, beweist die Richtigkeit dieses Wortes. Stehen wir wieder vor einer neuen Teilung der Erde? [...]

Ich glaube das nicht, ich möchte es namentlich noch nicht glauben. Aber jedenfalls können wir nicht dulden,

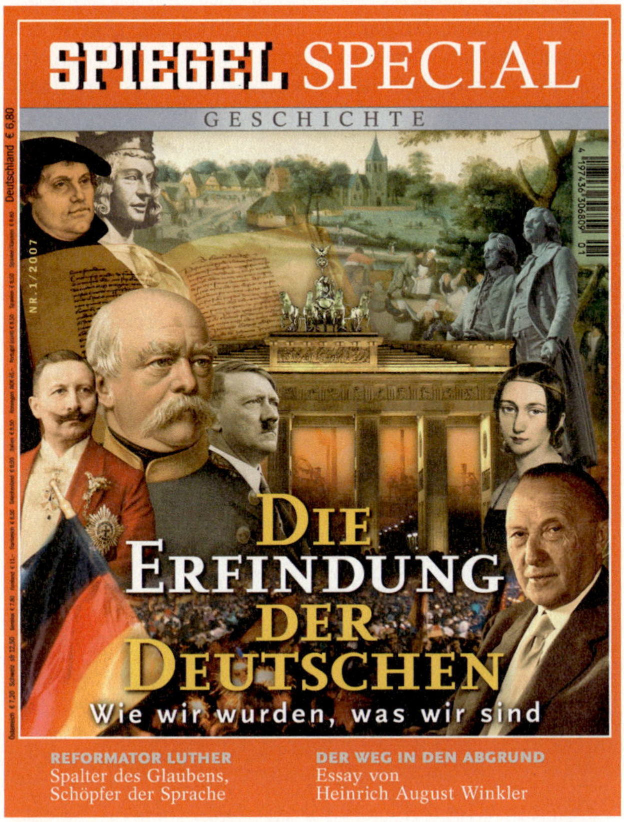

40 **Titelbild der „Spiegel Special"-Ausgabe Nr. 1/2007.**

dass irgendeine fremde Macht, dass irgendein fremder Jupiter zu uns sagt: Was tun? die Welt ist weggegeben. Wir wollen keiner fremden Macht zu nahe treten, wir wollen uns aber auch von keiner fremden Macht auf die Füße treten lassen (Bravo!), und wir wollen uns von keiner fremden Macht beiseite schieben lassen, weder in politischer noch in wirtschaftlicher Beziehung. (Lebhafter Beifall.)
Es ist Zeit, es ist hohe Zeit, dass wir gegenüber der seit zwei Jahren wesentlich veränderten Weltlage, im Hinblick auf die inzwischen erheblich modifizierten Zukunftsaussichten uns klar werden über die Haltung, welche wir einzunehmen haben gegenüber den Vorgängen, die sich um uns herum abspielen und vorbereiten, und welche die Keime in sich tragen für die künftige Gestaltung der Machtverhältnisse für vielleicht unabsehbare Zeit. Untätig beiseite stehen, wie wir das früher oft getan haben, entweder aus angeborener Bescheidenheit (Heiterkeit), oder weil wir ganz absorbiert waren durch unsere inneren Zwistigkeiten, oder aus Doktrinarismus – träumend beiseite stehen, während andere Leute sich in den Kuchen teilen, das können wir nicht und wollen wir nicht. (Beifall.)
Wir können das nicht aus dem einfachen Grunde, weil wir jetzt Interessen haben in allen Weltteilen [...] Die rapide Zunahme unserer Bevölkerung, der beispiellose Aufschwung unserer Industrie, die Tüchtigkeit unserer Kaufleute, kurz, die gewaltige Vitalität des deutschen Volkes haben uns in die Weltwirtschaft verflochten und in die Weltpolitik hineingezogen. Wenn die Engländer von einer Greater Britain reden, wenn die Franzosen sprechen von einer Nouvelle France, wenn die Russen sich Asien erschließen, haben auch wir Anspruch auf ein größeres Deutschland (Bravo! rechts, Heiterkeit links), nicht im Sinne der Eroberung, wohl aber im Sinne der friedlichen Ausdehnung unseres Handels und seiner Stützpunkte. Ihre Heiterkeit, meine Herren, macht mich nicht einen Augenblick irre. Wir können nicht dulden und wollen nicht dulden, dass man zur Tagesordnung übergeht über das deutsche Volk.

Aus: Johannes Penzler [Hg.]: Fürst Bülows Reden nebst urkundlichen Beiträgen zu seiner Politik. Bd. 1: 1897–1903. Berlin 1907. S. 89–92.

41 Karl Jaspers (1883–1969, deutscher Philosoph): Freiheit und Wiedervereinigung. Über Aufgaben deutscher Politik (1960)

Die Geschichte des deutschen Nationalstaats ist zu Ende, nicht die Geschichte der Deutschen. Was wir als große Nation uns und der Welt leisten können, ist die Einsicht in die Weltsituation heute: dass der Nationalstaatsgedanke heute das Unheil Europas und nun auch aller Kontinente ist. Während der Nationalstaatsgedanke die heute übermächtige zerstörende Kraft der Erde ist, könnten wir beginnen, ihn in der Wurzel zu durchschauen und aufzuheben.
Dass der deutsche Nationalstaat der Vergangenheit angehöre, besagt nicht, dass der Wahn seiner noch fortbestehenden Realität nicht selber real sei. Es besagt, dass die Irrealität des Wahninhalts, wenn sie fortbesteht, auf Kosten seiner Träger und der Welt durch eine neue Katastrophe an den Tag gebracht würde.
Die gewaltige wirtschaftliche und die beginnende militärische Kraft der Bundesrepublik – nach der Situation von 1945 wie ein Wunder – kann von neuem zu dem Irrtum führen, Wirtschaft und Armee bestimmten die Wahrheit der Geschichte. Aber sie sind nur Mittel und bedürfen der Führung durch die Idee der Freiheit.
Die führungslose Gewalt der Mittel stürzt in den Abgrund. Dass aus dem Abgrund Erhebung stattfindet, wurde und wird als selbstverständlich angesehen. Darum greift man im Wahn zu der Macht, um Unmögliches zu erzwingen, in der Erwartung, dass Deutschland ewig bleibt im Wechsel von Untergang und Wiederherstellung. Jetzt gilt das keinesfalls mehr. Ein nochmaliger Untergang wäre der endgültige.
Schon sehen wir die alten blinden Kräfte wieder, die „mehr und mehr und mehr wollen" (wie Adenauer warnend und beschwörend sagte). Sie werden heute stärker im Stolz auf deutsche Tüchtigkeit (etwa: als Exportland steht die Bundesrepublik an zweiter Stelle, vor ihr Amerika, kurz nach ihr England) und uneingestanden vielleicht schon im Stolz auf die entstehende deutsche Wehrmacht. Als ersten Schritt fassen sie ins Auge die Wiedervereinigung.
Die Macht der Widervernünftigen wächst mit der Energie der Wirtschaft und der Stärke der Armee. Sie wird übermütig. Aber Wirtschaftskraft und Militärkraft sind, in aller Tüchtigkeit, wie die Erfahrung den immer wieder Erstaunten seit einem Jahrhundert lehrt, im ganzen und damit politisch blind.
Aber die Deutschen? Die sie nicht kennen, nennen sie auf Grund der jüngsten Geschichte ein undurchsichtiges Volk, ruinös für sich und die anderen. Fast alles ist im einzelnen, was man dafür an Tatsachen angibt, richtig [...]
Heute wird politisch dieses eine entscheidend werden: Bei uns ist das nationale Staatsbewusstsein zum entsetzlicheren Unheil geworden als irgendwo in der Geschichte. Wir sind mehr als andere durch Erfahrung vorbereitet, den radikalen Schritt zu tun vom nationalen Staatsbewusstsein zum Staatsbewusstsein unter der Idee menschlicher Freiheit.
Dieser Schritt ist für die Welt, nicht nur für unser eigenes Heil von Bedeutung. Denn in der Welt feiert der nationale Staatswille neue unheilvolle Triumphe. In Europa hindert der staatliche Nationalstolz den wirksamen und zuverläs-

3

sigen Zusammenschluss zur gemeinsamen Selbstbehauptung der Freiheit. Denn die Einheit des Abendlandes setzt den Verzicht auf die Souveränität der Nationalstaaten voraus. Wenn de Gaulle die schönen und unklaren Wendungen findet wie „Europa der Vaterländer", so verbirgt er den sonst von ihm rückhaltlos ausgesprochenen französischen staatlichen Nationalstolz. Die Wendung klingt zwar wahr: denn natürlich ist Europa die Einheit der in ihrer großartigen Mannigfaltigkeit erscheinenden, sich suchenden und gegenseitig Leben gebenden Völker; aber falsch ist geworden die staatliche Souveränität der Nationen, die de Gaulle meint.
So ist es überall und am maßlosesten in den vom Kolonialismus befreiten Völkern. Wir wissen, was die Folge ist. Die Tatsache des auf der ganzen Erde blühenden gegenwärtigen Nationalismus ist kein Grund, ihn mitzumachen. Die Kraft des Geistes und die Wirklichkeit der eigenen Staatsentwicklung sollen vielmehr bezeugen, dass er keineswegs notwendig ist. Notwendig aber ist die in den Herzen einer Bevölkerung lebende und praktizierte Staatsverfassung unter den Ideen der politischen Freiheit und der auf die Dauer nur durch sie geschützten persönlichen Freiheit der Lebensform im Rechtsstaat.
Nicht Rückkehr vom Nationalstaat zum Weltbürgertum, sondern Fortgang zur Verwirklichung der Freiheit im Gesamtleben konföderierter Staaten ist die Aufgabe.

Aus: Karl Jaspers: Freiheit und Wiedervereinigung. Über Aufgaben deutscher Politik München 1960. S. 53–55.

Arbeitsvorschläge

a) Untersuchen Sie die Darstellungen der „Germania" auf den Seiten 5, 6, 11 und 13 und vergleichen Sie die Unterschiede in der Darstellung mit der Entwicklung des deutschen Nationalismus. (Kapitel 1: M 1, M 2, M 10, M 15)
b) Besuchen Sie das „Lebendige Museum Online" der Internet-Seite des Deutschen Historischen Museums (http://www.dhm.de/lemo) und analysieren Sie ein aussagekräftiges Exponat Ihrer Wahl auf seine konkrete Funktion innerhalb des Ideengebäudes des Nationalismus hin.
c) Erörtern Sie Unterschiede und Gemeinsamkeiten in den Voraussetzungen, der Entwicklung und der Ausprägung des deutschen und des polnischen Nationalismus.
d) Diskutieren Sie die Trägerschaft des Nationalismus in Deutschland im Vergleich mit Polen: Wer legt fest, wer zur deutschen bzw. polnischen Nation gehört, und wer ist von dieser Definition zunächst ausgeschlossen?
e) Beschreiben Sie die Aussageabsichten der zweiteiligen Karikatur zum Zustand des „deutschen Volkes" und berücksichtigen Sie dabei insbesondere den Hintergrund der jeweiligen Bilder. (M 5, M 6)
f) Untersuchen Sie, inwiefern das zentrale Fresko von Hermann Wislicenus im Kaisersaal der Goslarer Pfalz typisch nationalistische Darstellungsabsichten verfolgt. Vergleichen Sie es diesbezüglich mit dem Gemälde von Anton von Werner zur Ausrufung des Kaiserreichs im Spiegelsaal von Versailles. (M 8, M 9)
g) Analysieren Sie den Text „Über Volkshass und über den Gebrauch einer fremden Sprache" von Ernst Moritz Arndt. Stellen Sie einen Vergleich mit einem nationalsozialistischen Text zur deutschen Außenpolitik gegenüber Frankreich an. (M 14)
h) Fassen Sie die Forderungen Philipp Jakob Siebenpfeiffers zusammen. (M 21)
i) Diskutieren Sie Komposition, Symbolik und Aussageabsicht des Gemäldes zum Hambacher Fest von 1832. (M 22)
j) Stellen Sie den Antisemitismus Heinrich von Treitschkes demjenigen Adolf Stoeckers gegenüber und arbeiten Sie Gemeinsamkeiten heraus. (M 31, M 34)
k) Besprechen Sie die Wirkung, die das Standbild Bismarcks auf Sie hat, und erörtern Sie die möglichen Gründe für diese Wirkung. (M 36)
l) Informieren Sie sich über die Bedeutung des „Nibelungenlieds" innerhalb des Ideengebäudes des deutschen Nationalismus.
m) Stellen Sie eine Zeittafel mit den für die Entwicklung des deutschen Nationalismus wichtigsten Zeitereignissen zwischen 1800 und 1918 zusammen.
n) Erstellen Sie einen Fragebogen, mit dem Sie ihre Mitschülerinnen und Mitschüler über Ihre Einstellungen gegenüber Begriffen wie „Nation" und „Nationalstaat" befragen. Werten Sie die Angaben aus und stellen Sie fest, welche Rolle die Konstrukte des Nationalismus und eine „nationale" Identität heute noch haben.